Rohköstliche Patisserie

Trüffel, Konfekt, Cookies, Tartelettes, Kuchen & Torten – vegan und hitzefrei

Ophélie Véron

Rohköstliche Patisserie

Trüffel, Konfekt, Cookies, Tartelettes, Kuchen & Torten – vegan und hitzefrei

Aus dem Französischen von Petra Wucher

HANS-NIETSCH-VERLAG

INHALT

Rohe Köstlichkeiten für Naschkatzen

Die rohköstliche Küche bedeutet für mich nicht, dass nur noch rohes Obst und Gemüse auf den Tisch kommen dürfen und Sie sich bestimmten Idealen verschreiben müssen. Eine Ernährung mit rohköstlichen Zutaten bietet Ihnen neben all ihren gesundheitlichen Vorteilen auch den Anreiz, mit Spaß am Experimentieren neue Zubereitungsarten und aufregende Genüsse zu entdecken. Auf diese Weise lernen Sie eine immer wieder erfrischende und ideenreiche Küche kennen, die mit ihrer Originalität schon so manchen Gourmetkoch überzeugt hat.

Das Sahnehäubchen auf die Rohkostküche setzt zweifellos die rohköstliche Patisserie mit ihren raffinierten und verführerischen Kreationen. Bei ihr gilt es, die eigene Einstellung zum Essen und die bisherige Art seiner Zubereitung grundlegend zu überdenken. Wer sich für die rohköstliche Patisserie entscheidet, verabschiedet sich von weißem Zucker, Eiern, Butter, aber auch von Margarine, Hefe, Mehl und all den anderen Zutaten, die normalerweise zum Backen von Obstkuchen, Torten, Pralinen oder anderen süßen Leckereien verwendet werden. Und auch Blätterteig, Schlagsahne und Buttercreme gehören der Vergangenheit an. Die Devise lautet nun: Bereiten Sie die süßen Verführungen einmal ganz anders zu und entdecken Sie dabei, dass klassische Desserts auch mit den ungewöhnlichsten Zutaten unglaublich lecker schmecken und dass die verrücktesten Kreationen aus ganz schlichten Zutaten bestehen können. Sie werden staunen, wie köstlich Vanillesauce aus pürierten Cashewkernen schmeckt. Hätten Sie gedacht, dass ein Käsekuchen mit Zucchini besonders leicht und locker wird und dass Avocados einer Schokoladencreme eine besonders cremige Konsistenz verleihen?

Das Abenteuer „rohköstliche Patisserie" ist für viele Menschen eine ungewöhnliche Herausforderung. Schlagsahne, Brownies, Muffins oder eine Zitronen-Tarte: Wie soll all das mit ausschließlich rohen Zutaten und ganz ohne Backofen gelingen? So manche vermeintlich unumstößliche Wahrheit der traditionellen Küche wird über den Haufen geworfen, denn es ist sehr wohl möglich, eine leckere Mousse au Chocolat ohne Eier, einen Mürbeteig ohne Mehl und Konfitüre ohne Zucker zuzubereiten. „Rohköstliche Patisserie" bedeutet im Grunde, Rezepte mit kleinen Tricks zu verändern und Zutaten durch andere zu ersetzen. Sie werden sehen, es ist kein Hexenwerk, mit Sonnenblumenkernen eine köstliche Orangencreme und mit Datteln einen wunderbar schmackhaften Schokoladenkuchen zu zaubern. Sie brauchen nur etwas Fantasie, Erfindergeist und Mut zu neuen Kreationen.

Den unverfälschten Geschmack wiederentdecken

Sie werden es schon bemerkt haben: Sie müssen an die rohköstliche Patisserie keinesfalls übertrieben dogmatisch herangehen. Stattdessen möchte ich Sie ermuntern, meine Rezepte einfach auszuprobieren – aus purer Neugier und Lust am Experimentieren. Und das Wichtigste für mich ist: Rohköstliche Patisserie schmeckt einfach lecker! Entdecken Sie, welch köstlicher Genuss ohne Reue ein Dessert ohne Zucker und Butter sein kann. Das beste Karamellkonfekt, das ich jemals gegessen habe, enthielt weder Butter noch Kondensmilch, sondern Haferflocken und Mandelmus.

In der rohköstlichen Patisserie kommen die Aromen der frischen Zutaten ganz unverfälscht zur Geltung. Sie erwecken unsere Geschmacksknospen zu neuem Leben und wir erkennen schnell, dass Butter und Zucker allein noch keinen guten Kuchen machen. Oft sind es die einfachen Rezepte mit frischen Zutaten, die ein Dessert oder einen Kuchen zu einem unvergesslichen Genuss machen. Durch Erhitzen werden die Aromen der einzelnen Zutaten konzentriert, oft aber auch verfälscht. Bestimmt haben Sie schon einmal einen Apfel- oder Schokoladenkuchen gegessen, der mehr nach Butter und Karamell schmeckte als nach Äpfeln oder Schokolade. Was den Geschmack anbelangt, ist die Rohkost-Patisserie eindeutig im Vorteil, denn die Zutaten werden nicht erhitzt und durch chemische Reaktionen wie etwa beim Aufgehen eines Teigs oder durch die Maillard-Reaktion (Bräunungsreaktion von Lebensmitteln durch Hitzeeinwirkung) verfälscht, vielmehr bleibt ihr natürliches Aroma erhalten. Deshalb schmeckt ein roher Karottenkuchen auch wirklich nach Karotten. In einem Obst-Crumble kann jede einzelne Frucht ihren Geschmack entfalten, und Macarons schmecken intensiv nach Mandeln und Vanille – ganz ohne Geschmacksverstärker oder Zucker. Durch die rohköstliche Zubereitung räumen wir den eigentlichen Stars der Patisserie – den Früchten, Nüssen, Gewürzen und dem Getreide – wieder den ersten Platz ein.

So rohköstlich wie möglich

Bei manchen Rezepten verwende ich z.B. Ahornsirup, der bei der Herstellung erhitzt wird, Agar-Agar-Pulver, das mit Wasser aufgekocht werden muss, oder Getreideflocken, die normalerweise warm bedampft und dann gepresst werden. Daher sind nicht alle Zutaten für die Rezepte in diesem Buch roh. Süßspeisen werden durch diese wenigen nicht rohen Zutaten jedoch oft schmackhafter und bekömmlicher – ein immenser Vorteil, denn viele der rohköstlichen Leckereien sind keine leicht verdauliche

Kost. So enthalten die meisten rohen Kuchen beispielsweise Kokosöl und Nussmus oder -mehl. Aber natürlich ist ein Teig aus Mandeln und Feigen gesünder als ein mit viel Butter oder Margarine und raffiniertem Zucker zubereiteter Kuchenteig, und eine Cashewcreme ist deutlich bekömmlicher und cholesterinärmer als die klassische Buttercreme. Allerdings sollte man dabei nicht dem Irrtum erliegen, dass eine Speise automatisch besonders bekömmlich ist und dass man davon Unmengen essen kann, nur weil sie mit rohen und naturbelassenen Zutaten zubereitet wurde. Häufig sind rohköstliche Desserts ausgesprochen kalorienreich und enthalten viele Süßungsmittel wie Datteln, Kokosblütenzucker, Agavendicksaft oder Ahornsirup. In *Rohköstliche Patisserie* möchte ich Ihnen Rezepte vorstellen, die allen – den Figurbewussten wie auch den Naschkatzen – gleichermaßen schmecken und die einfach zuzubereiten sind. Nicht alle, aber die meisten meiner Rezepte sind leicht und bekömmlich. Agar-Agar-Pulver oder Getreideflocken verwende ich, um einen übermäßig hohen Gehalt an gesättigten Fettsäuren, wie beispielsweise in Kokosöl oder Kakaobutter, zu vermeiden.

Ich kann jedoch strikten Rohköstlern beipflichten, die betonen (oder sich beunruhigt darüber zeigen), dass zahlreiche der angeblich rohen Nahrungsmittel dies in Wirklichkeit gar nicht sind. So werden die meisten Nüsse und Trockenfrüchte mit Wasserdampf pasteurisiert (entkeimt) oder bei Temperaturen von über 42 °C getrocknet. Gewürze, Nussmuse und Cashewkerne werden erhitzt. Noriblätter werden meist geröstet, Reis muss gekocht werden und Sojasauce ist in der Regel wärmebehandelt. Bei dem Thema „Alles Rohkost oder nicht?" rate ich Ihnen schlicht zur Gelassenheit. Ihr Ziel sollte nicht sein, dass Sie nur noch rohe Nahrung zu sich nehmen, sondern dass Sie gesündere und frischere Lebensmittel essen, industriell verarbeitete aber zunehmend von Ihrem Speiseplan streichen. Skeptisch sollten Sie jedoch werden, wenn Ihnen jemand exotische Pülverchen oder das neueste Superfood anpreist und Ihnen dabei das Blaue vom Himmel verspricht. Eine gesunde Ernährung basiert nicht auf sündhaft teuren Wunderbeeren oder -pülverchen, sondern auf frischem Obst und Gemüse sowie einem abwechslungsreichen Speiseplan – dies sind die Garanten für Wohlbefinden, Gesundheit und Lebensfreude.

Grundsätzlich rate ich Ihnen, möglichst Zutaten aus biologischem Anbau zu verwenden. Bei Nüssen, Trockenobst oder Pflanzenölen ist der qualitative Unterschied zu konventionell hergestellter Ware besonders groß: So dürfen etwa Bio-Nüsse nicht gebleicht, geschwefelt oder chemisch gegen Schädlinge behandelt werden und Trockenfrüchte aus biologischem Anbau werden nicht mit giftigen und umweltschädlichen Substanzen (wie Phosphorsäureestern oder dem Nervengas Methylbromid) begast. Und bei einigen Zutaten wie etwa Cashewkernen oder Nussmusen empfehle ich Ihnen sogar Rohkostqualität. Mehr darüber erfahren Sie im nächsten Kapitel.

Die wichtigsten Zutaten

In der rohköstlichen Patisserie unterscheiden sich die Zutaten grundlegend von den Inhaltsstoffen, die normalerweise für Kuchen, Torten und andere süße Leckereien verwendet werden: Avocados, Mandelmus und Trockenfrüchte ersetzen Eier, Mehl, raffinierten Zucker und Butter. Die meisten Zutaten der Rezepte in diesem Buch müssen nicht übertrieben teuer sein und sind in Naturkostläden, Bio-Supermärkten sowie Reformhäusern oder über die Websites von Rohkostanbietern (siehe Bezugsquellen, Seite 110) erhältlich. Zudem können Sie Ihren Geldbeutel schonen, indem Sie beispielsweise Großpackungen kaufen oder Angebote nutzen.

Kakao

Kakaobutter

Zur Herstellung von Kakaobutter und -pulver werden die Kakaobohnen geröstet und aufgebrochen. Nach dem Entfernen der Schalen wird die Kakaomasse bei niedriger Temperatur gemahlen. Dabei entsteht eine Paste, die in der Fettpresse in Kakaobutter und Kakaotrockenmasse getrennt wird. Letztere wird schließlich zu Kakaopulver weiterverarbeitet. Kakaobutter besteht im Wesentlichen aus gesättigten Fettsäuren und ist bis zu einer Temperatur von etwa 35 °C fest. Sie verleiht vielen Süßspeisen eine angenehm cremige Konsistenz. Kakaobutter wird mittlerweile in vielen Naturkostläden, Bio-Supermärkten, Reformhäusern oder über das Internet angeboten (siehe Bezugsquellen, Seite 110). Kaufen Sie Kakaobutter möglichst in Bio- und Rohkostqualität. Sie können in den Rezepten die Kakaobutter auch durch Kokosöl (siehe Seite 15) ersetzen, was keinen Einfluss auf die Konsistenz hat, aber den Geschmack der fertigen Süßspeise verändert. Sowohl Kakaobutter als auch Kokosöl müssen sanft im Wasserbad geschmolzen werden (es sei denn, sie sind bereits flüssig, wenn sie z.B. im Sommer an einem warmen Ort aufbewahrt werden), bevor Sie sie mit den anderen Zutaten verarbeiten.

Kakaonibs

Kakaonibs sind geschälte und in kleine Stücke gebrochene Kakaobohnen. Die knusprigen, ungesüßten Kakaonibs sind oft günstiger als die ganzen Bohnen und zudem leichter zu verarbeiten. Erhältlich sind sie in Naturkostläden, Bio-Supermärkten oder über die Websites von vielen Rohkostanbietern (siehe Bezugsquellen, Seite 110). In den Rezepten können Sie Kakaonibs auch durch eine Mischung aus gehackten Nüssen und Schokotropfen (beispielsweise von Rapunzel, (siehe Bezugsquellen, Seite 110) ersetzen.

Kakaopulver

Kakaopulver in Rohkostqualität wird anders als konventionell hergestellter Kakao nicht über 45 °C erhitzt, sodass ein Großteil der Vitalstoffe und Antioxidantien erhalten bleibt. Erhältlich ist es in Naturkostläden, Bio-Supermärkten, Reformhäusern und über das Internet (siehe Bezugsquellen, Seite 110). Sie können aber auch herkömmliches Kakaopulver verwenden, dieses sollte jedoch ungesüßt sein.

Schokolade

Im Unterschied zur Schokolade aus dem Supermarkt wird rohe Schokolade aus ungerösteten Bohnen hergestellt. Ihr Geschmack ist deshalb intensiver und kommt den ursprünglichen Kakaoaromen viel näher. Schokolade in Rohkostqualität wird inzwischen in immer mehr Naturkostläden, Bio-Supermärkten und im Internet (siehe Bezugsquellen, Seite 110) angeboten. Sie können sie in den Rezepten aber auch durch vegane Bio-Zartbitterschokolade mit einem Kakaoanteil von 60 bis 70 Prozent ersetzen oder ganz einfach selbst zubereiten (siehe Seite 38).

Natürliche Süßungsmittel

Agavendicksaft

Der durchsichtige bis bernsteinfarbene Sirup wird aus dem Saft der in Mexiko heimischen blauen Agave gewonnen. Aus diesem Spargelgewächs wird auch der weitaus berühmtere Tequila destilliert. In der rohköstlichen Patisserie ist Agavendicksaft aus drei Gründen sehr beliebt: Sein neutraler Eigengeschmack verfälscht das Aroma der Speisen nicht, sondern betont den Geschmack der anderen Zutaten, er hat einen niedrigen glykämischen Index und eine höhere Süßkraft als Zucker – drei unschätzbare Vorteile für alle, die ihre Desserts ohne Gewissensbisse genießen wollen! Agavendicksaft in Rohkostqualität gibt es in gut sortierten Naturkostläden, Bio-Supermärkten und kann über die Websites von Rohkostanbietern (siehe Bezugsquellen, Seite 110) bezogen werden.

Ahornsirup

Dieser Sirup ist streng genommen nicht roh, denn er wird aus dem Pflanzensaft des kanadischen Zuckerahorns, dem sogenannten Ahornwasser, gewonnen, der unter Kochen eingedickt wird. Ahornsirup ist aber dennoch ein gesundes Süßungsmittel. Er enthält wertvolle Mineralstoffe und sekundäre Pflanzenstoffe. Und es wäre schade, auf ihn zu verzichten. Obwohl sein glykämischer Index höher ist als der des Agavendicksafts, hat er weniger Kalorien. Zudem kann Ahornsirup wegen seines intensiven Geschmacks sehr sparsam verwendet werden. Wenn Sie mildere Aromen bevorzugen, sollten Sie einen Sirup Grad A mit einer hellen, leicht goldenen Farbe verwenden. Der Sirup Grad C ist würziger und dunkler. Beim Kauf sollten Sie auf Bio-Qualität achten, denn es gibt leider auch Produkte, die sich zwar „Ahornsirup" nennen, letztlich aber nur aus Zuckerwasser, Farbstoffen und künstlichen Aromen bestehen.

Datteln

Eine der wichtigsten Grundzutaten der rohköstlichen Patisserie sind getrocknete Datteln. Diese kohlenhydratreichen und angenehm mild schmeckenden Früchte gibt es in verschiedenen Sorten und in unterschiedlichster Qualität.

Zu den beliebtesten Datteln zählen in Europa die Sorten Medjoul und Deglet Nour. Letztere stammen meist aus Tunesien. Diese kleinen, goldbraunen Datteln haben festes Fruchtfleisch und müssen vor der Verwendung in Wasser eingeweicht werden. Deglet Nour ist die günstigste Dattelsorte und kann nicht für alle Süßspeisen verwendet werden.

Vielfältiger einsetzbar ist die vorwiegend in Israel und Kalifornien angebaute Medjoul-Dattel. Sie ist größer als die Deglet Nour und hat ein zartes, saftiges und mild schmeckendes Fruchtfleisch. Medjoul-Datteln sind für alle rohköstlichen Leckereien geeignet und je nach Saison in den meisten Naturkostläden sowie Bio-Supermärkten erhältlich. Achten Sie beim Kauf darauf, dass die Früchte schön weich sind, dann ersparen Sie sich das Einweichen.

Die Dattelsorte Mozafati findet man bei uns seltener als die beiden zuvor beschriebenen Sorten, denn sie wird ausschließlich auf kleinen Plantagen im Iran angepflanzt. Sie ist nicht gerade groß, fast schwarz und sehr süß. Diese außergewöhnlich weiche Dattel ist im Geschmack intensiver als Medjoul-Datteln und so weich, dass sie vor der Verwendung nicht eingeweicht werden muss. Zuweilen haben gut sortierte Naturkostläden, Bio-Supermärkte oder Internethändler frische Mozafati-Datteln im Sortiment (siehe Bezugsquellen, Seite 110). Wenn Sie fündig werden, nutzen Sie die Gelegenheit – diese Früchte schmecken einfach köstlich!

Kokosblütenzucker

Obwohl Kokosblütenzucker nicht roh ist, wird er dennoch gern in der rohköstlichen Patisserie verwendet, da er viele Mineralstoffe enthält und einen niedrigen glykämischen Index hat. Gewonnen wird er aus dem Nektar von Kokospalmenblüten. Dieser wird durch Kochen zu einem sämigen Sirup eindickt, der beim Abkühlen auskristallisiert. Wider Erwarten schmeckt der hellbraune Zucker aber nicht nach Kokos, sondern hat eine fein-aromatische Karamellnote. Kokosblütenzucker ist in Naturkostläden, Bio-Supermärkten, Reformhäusern oder über das Internet erhältlich (siehe Bezugsquellen, Seite 110).

Trockenfrüchte

In der rohköstlichen Patisserie wird häufig frisches Obst verwendet, aber auch Trockenfrüchte, die mit ihrer natürlichen Süße ein idealer Zuckerersatz sind. In pürierter Form werden sie oft zur Zubereitung von Kuchenteig, Cremes oder Ganaches verwendet. Die erste Wahl sind dabei meist Datteln, die durch ihren neutralen Eigengeschmack für fast alle Süßspeisen verwendet werden können. Etwas säuerlicher, aber ebenso gut geeignet sind getrocknete Feigen, Rosinen, Aprikosen oder Pflaumen. Für einen honigähnlichen Geschmack sorgen weiße Maulbeeren und getrocknete Cranberrys. Und mit Gojibeeren, Himbeeren oder Erdbeeren können Sie Ihre süßen Leckereien farblich aufpeppen oder auf natürliche Weise einfärben.

Kaufen Sie Trockenfrüchte aber möglichst in Bio-Qualität (siehe Bezugsquellen, Seite 110). Viele konventionelle Produkte, wie beispielsweise orangefarben leuchtende getrocknete Aprikosen, enthalten große Mengen Schwefel und andere Zusatzstoffe wie weißen Zucker sowie Konservierungs- oder Säuerungsmittel.

Getreideflocken

Getreideflocken sind eine hervorragende Alternative zu Nüssen und Ölfrüchten (wie etwa der Kokosnuss), die in der rohköstlichen Patisserie oft in vergleichsweise großen Mengen verwendet werden. Sie machen schwere Nachspeisen und Torten leicht verdaulich und bekömmlich. Durch ihre Herstellung bedingt sind Getreideflocken jedoch in der Regel nicht roh, denn die Körner werden mit 70 °C heißem Dampf erhitzt, bevor sie gepresst oder gewalzt werden. Reine Rohköstler ersetzen sie durch rohe Haferflocken oder können auf gemahlene Mandeln sowie auf gekeimte, ganze oder gemahlene Buchweizenkörner in Rohkostqualität zurückgreifen.

Verwechseln Sie Flocken aus Getreide und Pseudogetreide aber nicht mit gepufften Cerealien (wie Puffreis oder gepuffter Weizen) oder mit Flakes (z. B. aus Mais, Weizen oder Dinkel), bei deren Herstellung die natürlichen Ausgangsprodukte grundlegend verändert werden, wodurch ein Großteil ihrer Mikronährstoffe zerstört wird. Die in ihnen enthaltenen Kohlenhydrate werden dann vom Körper wie raffinierter Zucker verarbeitet und lassen den Blutzuckerspiegel schnell ansteigen.

Weizen-, Dinkel-, Kamut-, Einkorn-, Gersten- und Roggenflocken können sowohl als Klein-, aber auch als Großblatt in der rohköstlichen Patisserie verwendet werden. Sie sind in jedem Naturkostladen oder Bio-Supermarkt und auch in Reformhäusern sowie im Internet erhältlich (siehe Bezugsquellen, Seite 110).

Haferflocken

Am häufigsten werden in der rohköstlichen Patisserie Haferflocken verwendet. Sie sind sehr ballaststoffreich und haben ein gutes Quellvermögen. Oft wird behauptet,

dass Menschen mit Zöliakie oder Glutensensitivität auch keine Haferflocken essen dürfen. Dies ist jedoch nicht ganz richtig, denn der Hafer enthält gar kein Gluten (Glutenin, Gliadin, Secalinin und Hordenin), sondern Avenin, auf das nur 1 Prozent der von Zöliakie Betroffenen allergisch reagiert. Bei der Herstellung von Haferflocken kann es jedoch zu Kreuzkontaminationen mit Weizen, Roggen oder Gerste kommen, beispielsweise durch Verunreinigungen infolge des Fruchtwechsels, beim Saatguttransport, durch Erntewerkzeuge, Lagerung oder im Laufe der Verarbeitung. Menschen mit Glutenintoleranz sollten deshalb nur Haferflocken zu sich nehmen oder Getreideflocken, die vom Hersteller als „glutenfrei" zertifiziert wurden.

Glutenfreie Flocken

Glutenhaltige Getreideflocken können durch zahlreiche glutenfreie Alternativen ersetzt werden, z. B. durch Buchweizen-, Hirse- oder Reisflocken, die Sie in jedem Naturkostladen finden, oder auch durch Amaranth-, Quinoa- bzw. Kastanienflocken, die jedoch meist nur im Internet erhältlich sind (siehe Bezugsquellen, Seite 110). Von den glutenfreien Flocken sollten Sie jedoch etwa 20 Prozent mehr als die im Rezept angegebene Menge an Getreideflocken verwenden, denn sie können wegen ihres schlechteren Quellvermögens weniger Feuchtigkeit aufnehmen. Zudem sollten Sie bedenken, dass die meisten glutenfreien Flocken einen sehr intensiven Eigengeschmack haben und Ihren Gerichten dadurch ein kräftigeres Aroma verleihen.

Kokosnuss

Kokosmehl

Kokosmehl besteht aus dem getrockneten, entölten und anschließend gemahlenen Fleisch der reifen Kokosnuss und ist somit kein Mehl im eigentlichen Sinne. Es ist sehr mild im Geschmack und reich an Ballaststoffen sowie wertvollen Proteinen. Zudem enthält es kein Gluten und hat einen niedrigen glykämischen Index. Wegen seines hohen Quellvermögens sollten Sie es jedoch sparsam verwenden. Da Kokosmehl zudem im Vergleich zu herkömmlichem Getreidemehl relativ schwer löslich ist, empfehle ich Ihnen, es gut mit den flüssigen Zutaten zu verrühren. Im Naturkostladen oder Bio-Supermarkt finden Sie Kokosmehl meist bei den glutenfreien Produkten, Sie können es aber auch über das Internet beziehen (siehe Bezugsquellen, Seite 110).

Kokosöl

Kokosöl wird durch Pressen aus dem frischen Fruchtfleisch der Kokosnuss gewonnen und anschließend filtriert. Es hat eine Schmelztemperatur von etwa 25 °C und eignet sich daher besonders gut, um süßen Desserts oder rohköstlichem Teig eine cremige und angenehm weiche Konsistenz zu verleihen. Verwenden Sie das Öl jedoch in

Maßen, da es bis zu 90 Prozent gesättigte Fettsäuren (wie z. B. Laurinsäure) enthalten kann, die den Cholesterinspiegel und in der Folge möglicherweise das Risiko für Herz-Kreislauf-Erkrankungen und Arteriosklerose erhöhen. In der letzten Zeit wurde viel über die positiven Auswirkungen der mittelkettigen Laurinsäure berichtet. Wissenschaftliche Studien konnten belegen, dass die vermehrte Aufnahme von Laurinsäure zur Erhöhung des („guten") HDL-Cholesterinspiegels führt. Ob sich daraus ein erhöhtes (oder aber erniedrigtes) Herzinfarktrisiko ableiten lässt, konnte bislang in keiner anerkannten und seriösen Studie nachgewiesen werden. Daher empfehle ich Menschen mit Herz-Kreislauf-Erkrankungen, Kokosöl in kleinen Mengen zu genießen. Die meisten Naturkostläden, Bio-Supermärkte oder Reformhäuser führen qualitativ hochwertiges Kokosöl. Achten Sie beim Kauf auf Bio-Qualität und verwenden Sie möglichst ein hochwertiges naturreines, kalt gepresstes Öl, das Sie im Internet auch in Premiumqualität erhalten (siehe Bezugsquellen, Seite 110). Kokosöl können Sie in den Rezepten auch durch Kakaobutter (siehe Seite 30) ersetzen, die eine ähnliche Konsistenz hat, allerdings etwas anders schmeckt. Greifen Sie stattdessen aber nicht zu anderen Pflanzenölen, da diese bei niedrigen Temperaturen nicht fest werden und einen ausgeprägten Eigengeschmack haben können. Sowohl Kakaobutter als auch Kokosöl müssen vor der Verarbeitung sanft im Wasserbad erwärmt und geschmolzen werden.

Kokosraspel

Bei der Herstellung von Kokosraspel wird das frische Fruchtfleisch der Kokosnuss bei niedrigen Temperaturen schonend getrocknet und anschließend geraspelt. Die ballaststoffreichen Raspel lassen sich leicht zu Kokosbutter verarbeiten (siehe Seite 16) und sind in vielen Brotaufstrichen enthalten. Kaufen Sie möglichst ungesüßte Kokosraspel in Bio-Qualität (siehe Bezugsquellen, Seite 110).

Kokosflakes

Kokosflakes sind dünne Blättchen aus getrocknetem Kokosfruchtfleisch, sie werden jedoch nur grob geraspelt. Ich verwende sie gern zum Verzieren meiner rohköstlichen Naschereien und habe beispielsweise den Carrot-Cake (siehe Seite 76) damit bestreut. Achten Sie beim Kauf auf ungesüßte und ungebleichte Ware in Bio-Qualität (siehe Bezugsquellen, Seite 110).

Kokosbutter

Die cremige Kokosbutter ist nicht zu verwechseln mit Kokosöl. Sie entsteht durch Pürieren von getrocknetem und geraspeltem Kokosfleisch (Kokosraspel). Kokosbutter ist gleich doppelt so gesund, denn sie enthält gleichermaßen die Nährstoffe von

Kokosöl und Kokosmehl. Kokosbutter ist in Naturkostläden, Bio-Supermärkten und auch im Internet (siehe Bezugsquellen, Seite 110) erhältlich. Alternativ können Sie Kokosbutter aber auch einfach selbst herstellen (siehe Seite 16).

Nüsse, Samen, Kerne & Co.

Schalenfrüchte

Ein wesentlicher Bestandteil der Rohkostküche sind Schalenfrüchte. Die Bezeichnung „Frucht" ist jedoch etwas irreführend, denn zu den Schalenfrüchten (oder dem Schalenobst) zählen alle essbaren Nüsse und Kerne. Aus botanischer Sicht sind jedoch Cashewkerne und Pistazien aus der Familie der Sumachgewächse eigentlich keine Schalenfrüchte, ebenso wie die Erdnuss, die zu den Hülsenfrüchtlern zählt, oder Mandeln, bei denen es sich um Steinfrüchte aus der Familie der Rosengewächse handelt. Und auch die Kokosnuss ist eine Steinfrucht, doch sie gehört botanisch zu der Familie der Palmengewächse. Da ihr Fruchtfleisch auf so vielfältige Weise verarbeitet werden kann, hat sie in *Rohköstliche Patisserie* ein eigenes Kapitel verdient (siehe Seite 15). Nüsse und Kerne sind wichtige Lieferanten von gesunden, mehrfach ungesättigten Fettsäuren, Mineralstoffen und Antioxidantien. Leider reagieren jedoch viele Menschen allergisch auf sie. Deshalb sollten Kleinkinder unter vier Jahren keine Nüsse zu sich nehmen.

Cashewkerne gehören in der rohköstlichen Patisserie zu den Spitzenreitern der nussigen Zutaten. Mit ihnen können Sie unglaublich samtige Cremes und leckere Desserts zubereiten oder einfach und schnell eine köstliche pflanzliche Milch herstellen. Die Schale von Cashewkernen enthält jedoch ein toxisches Öl (Cardol), das in großen Mengen sogar tödlich sein kann. Um diesen Giftstoff unschädlich zu machen und die Kerne zu entkeimen, werden sie bei konventioneller Herstellung ungeschält bei Temperaturen von etwa 125 °C bedampft oder in 200 °C heißem Öl gesiedet und nach dem Knacken bis zu 2 Stunden bei 80 °C getrocknet. Deshalb sind auch Cashewkerne in Bio-Qualität meistens nicht roh und im Gegensatz zu den meisten anderen Nüssen nicht keimfähig. Inzwischen werden sie aber in gut sortierten Naturkostläden, Bio-Supermärkten oder über das Internet (siehe Bezugsquellen, Seite 110) zunehmend auch in Rohkostqualität angeboten. Wenn Sie keinen Hochleistungsmixer besitzen, sollten Sie Cashewkerne 1 bis 2 Stunden einweichen. Die abgetropften Kerne können Sie fein pürieren und nach den Angaben des jeweiligen Rezepts weiterverarbeiten. Hitzebehandelte Nüsse sind toxin- und keimfrei, sie müssen also nach dem Einweichen nicht abgespült werden. Cashewkerne in Rohkostqualität sollten Sie jedoch anschließend gründlich spülen.

Und auch ohne Mandeln, Hasel- und Walnüsse kommt die rohköstliche Patisserie nicht aus. Mit ihrem einzigartigen Aroma verleihen sie Kuchen, Torten oder Desserts eine ganz besondere Note. Sie werden gemahlen, gehackt oder als ganze Nuss verwendet. Vor allem gehackte Nüsse verleihen Ihrem Tarteteig eine angenehm knusprige Konsistenz. Mandeln und Haselnüsse enthalten natürliche Enzymhemmer und sollten daher vor der Verarbeitung eingeweicht und anschließend getrocknet werden, dann sind sie leichter verdaulich. Die Einweichzeit für Mandeln beträgt 8 bis 12 Stunden (am besten über Nacht) und für Haselnüsse sind bereits 2 Stunden Einweichzeit ausreichend.

Pistazien und Erdnüsse schmecken sehr intensiv und können daher sparsam eingesetzt werden. Para-, Macadamia- und Pekannüsse sorgen in gehackter Form für eine knackig-knusprige Komponente in ihrer Süßspeise. Paranüsse ergeben zudem eine köstliche pflanzliche Milch. Wenn Sie eine Alternative zu den in der rohköstlichen Patisserie häufig verwendeten Cashewkernen suchen, können Sie sie auch durch Macadamianüsse ersetzen. Sie werden beim Pürieren ähnlich cremig wie die Cashewkerne. Und Pekannüsse können Sie wie Walnüsse verarbeiten.

Avocado

Es mag Sie verwundern, doch auch Avocados gehören zu den am meisten verwendeten Zutaten der Rohkostküche. Mit Süßspeisen bringt man sie bei uns eigentlich nicht in Verbindung. In Lateinamerika sind Avocados aber eine häufig verwendete Zutat in Eiscremes und Fruchtsalaten. Sie verleihen Desserts und Cremes eine angenehm sämige Konsistenz, und ihr Geschmack harmoniert besonders gut mit Kakao. Überzeugen Sie sich selbst und probieren Sie die Schokoladencreme auf Seite 34 oder die Schokolavocat-Torte auf Seite 94 aus. Avocados sind leicht verdaulich, enthalten wenig Zucker, dafür aber viele Ballaststoffe und reichlich mehrfach ungesättigte Fettsäuren. Sie sind eine wunderbare Bereicherung für unseren Speiseplan!

Ölsaaten

Unter Ölsaaten verstehen wir in der Regel Lein-, Chia-, Hanf- und Sesamsamen sowie Kürbis- und Sonnenblumenkerne. Nicht zu den Ölsaaten zählen die Kerne von Schalenfrüchten wie z. B. Mandeln, Erdnüsse oder Walnüsse, obwohl auch sie zu Pflanzenöl verarbeitet werden können. Der Name „Ölsaaten" ist daher etwas irreführend. Für Allergiker sind die lipidreichen Ölsaaten eine gute Alternative zu den tendenziell allergenen Wirkstoffen der Nüsse. Chia- und Leinsamen sind stark schleimbildend. In Verbindung mit Feuchtigkeit setzen sie ein dickflüssiges Gel frei, das bei der Zubereitung von rohköstlichen Fruchtaufstrichen aus frischem Obst, wie z. B. in den Baskischen Kirschküchlein auf Seite 74, sehr gute Dienste leistet. Während Sie Chiasamen als Ganzes verarbeiten können, sollten Sie Leinsamen besser vorher schroten. Chia- sowie Leinsamen in Bio-Qualität und ebenso die zu Beginn dieses

Abschnitts genannten Ölsaaten erhalten Sie in Naturkostläden, Bio-Supermärkten und Reformhäusern.

Nussmus und -butter

Aus Nüssen oder getrockneten und bei niedrigen Temperaturen schonend gemahlenen Ölsaaten können Sie köstliche Brotaufstriche zubereiten. Wir kennen sie zumeist als Mus, Paste oder auch als Nussbutter. Die Aufstriche aus ungeschälten oder geschälten Mandeln, Sesamsamen, Pistazien, Cashewkernen, Hasel- oder Erdnüssen schmecken einfach himmlisch, eignen sich gut zum Binden von Saucen und Cremes und sind reich an mehrfach ungesättigten Fettsäuren. Inzwischen führt nahezu jeder Naturkostladen, Bio-Supermarkt oder Rohkostanbieter im Internet (siehe Bezugsquellen, Seite 110) ein vielfältiges Sortiment an rohköstlichen Musen aus Nüssen, Kernen oder Ölsaaten. Am besten machen Sie sich aber selbst ans Werk und bereiten Ihren eigenen Brotaufstrich aus Ihren Lieblingsnüssen oder -samen zu. Alles, was Sie dafür brauchen, das ist ein leistungsstarker Mixer.

Weitere unverzichtbare Zutaten

Agar-Agar

Das natürliche Geliermittel Agar-Agar wird vorwiegend aus Rotalgen gewonnen und ist als veganer Ersatz für tierische Gelatine fast unverzichtbar. Agar-Agar wird im Handel in Form von Flocken oder als Pulver angeboten. Ich empfehle Ihnen, das Pulver zu verwenden, da es sich am einfachsten verarbeiten lässt. Damit Agar-Agar gelieren kann, muss es ungefähr eine Minute kochen und anschließend vollständig abkühlen. Agar-Agar ist eine gute Alternative zu Kokosöl. In der Rohkostküche wird es oft eingesetzt, um besonders reichhaltige rohköstliche Kreationen bekömmlicher zu machen. Agar-Agar ist in Naturkostläden, Bio-Supermärkten und auch in Reformhäusern erhältlich.

Johannisbrotkernmehl (Carob)

Der vorwiegend im Mittelmeerraum heimische Johannisbrotbaum trägt zwischen 10 bis 30 Zentimeter lange Schoten, die bis zu 15 braune Samen enthalten können. Für das Johannisbrotkernmehl (Carob) wird der Mittelteil der Hülsenfrüchte zerkleinert, geröstet und anschließend sehr fein gemahlen. Das Mehl schmeckt mild, leicht süßlich und hat eine karamellartige Note mit einem Hauch von Kakao, Vanille und Zimt. Im Vergleich zu Kakaopulver enthält Carob zwar relativ wenig Fett, dafür aber viele Kohlenhydrate. Es ist kalorienarm, aber sehr reich an Mineralstoffen, insbesondere an Kalzium, Phosphor und Magnesium. Carobpulver ist zudem gluten- und lactosefrei. Kaufen Sie es am besten im Naturkostladen oder Bio-Supermarkt.

Buchweizen

Der Name des Buchweizens ist etwas trügerisch, denn mit Getreide oder gar mit Weizen hat die Pflanzenart aus der Familie der Knöterichgewächse nichts gemein. Buchweizen ist ein sogenanntes Pseudogetreide, das im Handel in Form von ganzen Körnern, Mehl oder Flocken erhältlich ist. Sie können die Körner vor der Verwendung auch ankeimen lassen und anschließend im Dörrautomaten trocknen. Schön knusprig und locker wird ein Tarte- oder Kuchenteig, wenn Sie die ganzen Körner einarbeiten. Der große Vorteil des Buchweizens: Er ist glutenfrei und daher die perfekte Alternative zu zahlreichen Mehlsorten. Seine Flocken können viel Feuchtigkeit aufnehmen und anstelle von Haferflocken verwendet werden. Von ihnen brauchen Sie allerdings etwas mehr: Nehmen Sie für 100 Gramm Haferflocken jeweils etwa 120 Gramm Buchweizenflocken. Buchweizen schmeckt leicht nussig und harmoniert bestens mit Schokolade und Carob (Johannisbrotkernmehl).

Haferkleie

Trotz umstrittener Diäten, die die Haferkleie etwas in Verruf gebracht haben, verzichte ich nur ungern auf diese gesunde Zutat. Als „Kleie" wird in der Regel der Schalenrückstand bezeichnet, der beim Ausmahlen der ganzen Körner anfällt. Haferkleie ist reich an löslichen Ballaststoffen, dem sogenannten Beta-Glucan, das den Cholesterinspiegel senkt. Sie hat eine hohe Quellfähigkeit und kann bis zum 30-Fachen ihres Volumens an Flüssigkeit aufnehmen. Dadurch ist Haferkleie extrem sättigend und bremst unsere Lust auf Süßes und andere Knabbereien. Kein Wunder, dass sie ein beliebter Bestandteil vieler Diäten ist. Zur Herstellung von Haferkleie werden die Randschichten des Haferkorns einschließlich des Haferkerns (Keimling) sowie die äußeren Schichten des Mehlkörpers verwendet. Diese werden kurz bedampft. Daher ist Haferkleie zwar nicht roh, trotz dieses kleinen Makels lässt sie sich in der rohköstlichen Patisserie hervorragend und vielfältig einsetzen. Sie macht viele Süßspeisen lockerer und nimmt durch ihre gute Quellfähigkeit überschüssige Flüssigkeit auf, wodurch selbst klebriger Teig mürber wird.

Kleie ist von zahlreichen Getreidesorten erhältlich. Für Menschen mit Glutenunverträglichkeit ist Reiskleie eine gute Alternative. Wenn Sie konsequent auf Rohkostqualität setzen, empfehle ich Ihnen, statt Haferkleie Mandel- oder andere Nussmehle zu verwenden. Davon brauchen Sie dann allerdings etwas mehr: Wenn im Rezept 100 Gramm Haferkleie angegeben sind, sollten Sie 140 Gramm Nussmehl nehmen.

Erdmandeln

Die im Mittelmeerraum heimische Erdmandel wird auch als „Tigernuss" bezeichnet. Sie bildet lange unterirdische Rhizome (Sprossachsen) mit knollenartigen Verdickungen. Die getrockneten Knollen sind haselnussgroß und haben eine milde, leicht süßliche Mandel- und Vanillenote. Vor allem Tortenböden und Kuchen gelingen mit gemahlenen Erdmandeln gut. Sollten Sie keine gemahlenen Erdmandeln zur Hand haben, können Sie sie durch gemahlene Mandeln ersetzen. Im Naturkostladen oder Bio-Supermarkt finden Sie gemahlene Erdmandeln in Rohkostqualität meist bei den glutenfreien Produkten. Alternativ können Sie es aber auch über Rohkostanbieter im Internet (siehe Bezugsquellen, Seite 110) beziehen.

Vanille

Die *Vanilla planifolia* ist eine tropische Orchideenart. Nach der Ernte werden ihre Schoten fermentiert und getrocknet. Erst dadurch erhalten sie ihr charakteristisches Aroma und ihre typische dunkel glänzende Farbe. Sowohl naturreines Vanillepulver wie auch die ganzen Schoten sind ziemlich teuer, sie schmecken aber so intensiv, dass Sie davon in der Regel nur sehr wenig brauchen. Ganze Vanilleschoten bewahren Sie am besten bei Zimmertemperatur in einem lichtundurchlässigen und luftdicht verschließbaren Gefäß auf. Vor der Verarbeitung werden sie mit einem scharfen Messer der Länge nach aufgeschlitzt und das Vanillemark wird herausgekratzt. Mittlerweile gibt es in vielen Naturkostläden, Bio-Supermärkten, Reformhäusern und im Internet (siehe Bezugsquellen, Seite 110) sowohl Vanilleschoten als auch qualitativ hochwertiges naturreines Vanillepulver. Für die Rezepte in *Rohköstliche Patisserie* können Sie sowohl das Pulver als auch das Mark verwenden.

Hilfreiche Küchengeräte und -utensilien

Hochleistungsmixer

Obwohl Sie für die Zubereitung von rohköstlichen Leckereien nicht unbedingt einen Hochleistungsmixer brauchen, hat er sich als nützlicher Helfer bewährt. Sie können Nüsse und Kerne natürlich auch in der Küchenmaschine zerkleinern oder darin einen Kuchenteig verkneten. Allerdings werden Cremes und Aufstriche mit einem Turbo-Mixer besonders glatt und fluffig.

Gute Geräte bieten jedoch nur wenige Hersteller an (siehe Bezugsquellen, Seite 110). Der Preis für einen Hochleistungsmixer mag Ihnen zunächst vielleicht happig erscheinen. Doch diese Investition lohnt sich, denn Hochleistungsmixer von guter Qualität sind sehr robust und bereiten Ihnen ein Leben lang Freude. Oft gewähren die Hersteller eine mehrjährige Garantie. Lassen Sie jedoch die Finger von allzu aufwendigen Geräten mit Displays und unzähligen Funktionen. Sie sind meist sehr fehleranfällig, und das wirklich Wichtige an einem Turbo-Mixer ist sein leistungsstarker Motor. Ein zusätzlicher Vorteil von Hochleistungsmixern: Nüsse, Kerne oder Trockenfrüchte müssen vor dem Pürieren nicht eingeweicht werden, was Ihnen bei der Zubereitung viel Arbeit erspart und natürlich auch wertvolle Zeit.

Personal Blender

Stolze Besitzer eines Hochleistungsmixers sowie eines Handmixers brauchen nicht unbedingt zusätzlich einen Personal Blender (siehe Bezugsquellen, Seite 110). Diese kleine Ausführung des Turbo-Mixers kann jedoch zuweilen sehr praktisch sein, wenn Sie nur geringe Mengen Getreidemehl oder Nussmus zubereiten wollen oder wenn Ihr Turbo-Mixer gerade in Gebrauch ist. So können Sie zwei Arbeitsgänge gleichzeitig erledigen und müssen den großen Mixer zwischendurch nicht reinigen. Personal Blender sind in der Regel mit mehreren auswechselbaren Mixbechern in verschiedenen Größen ausgestattet und vergleichsweise preisgünstig.

Hilfreiche Küchenutensilien

Gute Messer aus rostfreiem Edelstahl oder Keramik sind das A und O in jeder Küche.

Ein **Gemüseschäler** mit scharfer Klinge spart viel Zeit und Mühe beim Schälen von Obst oder Gemüse und beim Abziehen von Zitronen- oder Orangenschale.

Ein Teigschaber mit Gummispatel ist für mich einer der wichtigsten Küchenhelfer. Mit ihm kann ich Schüsseln oder Mixerbecher restlos auskratzen sowie Cremes, Konfitüren und Muse gleichmäßig auf meinen Kuchen oder Torten verstreichen.

Eine elektronische Küchenwaage ist deutlich präziser als eine mechanische, was speziell bei kleineren Zutatenmengen sehr wichtig ist. Daher ist für mich eine elektronische Waage einfach unersetzlich. In Fachgeschäften für Küchenbedarf und Haushaltsabteilungen von Kaufhäusern werden sie inzwischen zu sehr günstigen Preisen angeboten.

Eine Springform benötigen Sie für fast alle Kuchen- und Tortenrezepte. Metall- oder Keramikformen sind sehr praktisch für kleinere Kuchen und Tartelettes. In diese sollten Sie ein Papierförmchen geben oder sie mit Backpapier auslegen, bevor Sie den Teig oder ein Dessert einfüllen, da sich der Inhalt ansonsten später möglicherweise nur schwer aus den Formen lösen lässt.

Ein Küchenthermometer brauche ich eigentlich nur zum Temperieren von roher Schokolade.

In kleine Becherförmchen aus Edelstahl oder Porzellanformen fülle ich Cremes, Crumbles, Minikäsekuchen u. v. m.

Ein Sieb ist ein praktisches und vielseitiges Hilfsmittel zum Abgießen von eingeweichten Nüssen und Trockenfrüchten, zum Bestäuben von Süßspeisen mit Kakao- oder Carobpulver und ebenso zum Aussieben von Klümpchen, wie sie beispielsweise in Kokosmehl vorkommen können.

Was Sie sonst noch beachten sollten

Die Mengenangaben für Datteln beziehen sich jeweils auf die entkernten Früchte. Wiegen Sie diese also erst nach dem Entkernen.

Trockenfrüchte, die Sie mit dem Hochleistungsmixer pürieren, müssen nicht eingeweicht werden. In meinen Rezepten gebe ich stets an, wie lange Nüsse, Kerne oder Samen vor der Verarbeitung eingeweicht werden müssen. Wenn Sie auf das Einweichen verzichten, sollten Sie etwa 30 Prozent ihres Gewichts an Wasser dazugeben, damit sie sich anschließend gut pürieren lassen.

Kuchen- oder Tarteletteformen sollten Sie nach Angaben des Herstellers einfetten und dafür nur geschmacksneutrale Pflanzenöle (Olivenöl, Traubenkernöl etc.), keinesfalls aber Kokosöl verwenden.

Keines der Rezepte in *Rohköstliche Patisserie* enthält Milchprodukte, Eier oder Soja. Zudem sind die meisten meiner Rezepte glutenfrei. Falls nicht, gebe ich Alternativen dazu an. Ein Dörrautomat ist für die Rezepte in diesem Buch nicht erforderlich.

GRUNDREZEPTE

Diesen Teig verwende ich für Tarteböden, die nicht gebacken werden müssen und trotzdem unglaublich lecker schmecken! Die meisten Rezepte für rohköstlichen Tarteteig enthalten Nüsse und getrocknete Früchte. Ich gebe noch Haferflocken dazu, denn sie machen den Teig lockerer, und mit etwas Kokosöl wird er schön saftig. Getrocknete Feigen statt der Datteln geben dem Teig einen herrlich fruchtigen oder angenehm säuerlichen Geschmack. Die Mandeln sorgen für eine wunderbare Marzipannote.

FÜR EINE TARTE MIT 25 ZENTIMETERN DURCHMESSER

225 g Datteln ohne Stein oder getrocknete Feigen *plus* 150 ml Wasser • 270 g Haferflocken • 180 g ganze (oder gemahlene) Mandeln • 30 g Kokosöl, geschmolzen • 1–2 Prisen Salz naturreines Pflanzenöl zum Einfetten (z. B. geschmacksneutrales Oliven- oder Traubenkernöl; Menge nach Bedarf)

Die Datteln mehrere Stunden einweichen und gut abtropfen lassen.
Die Haferflocken fein mahlen und die Mandeln im Mixer mit der Pulse-Taste grob zerkleinern.
Datteln, Wasser, Kokosöl und Salz in den Mixer geben und zu einer cremigen Masse pürieren. Diese in einer großen Schüssel mit den restlichen Zutaten zuerst mit einem Holzlöffel vermengen, dann mit den Händen verkneten und zu einer Teigkugel formen.
Die Kuchenform nach Angaben des Herstellers leicht einfetten, den Teig darin gleichmäßig mit den Fingern verteilen, leicht andrücken und am Rand nach oben ziehen. Anstelle einer großen Springform können Sie auch sechs kleine Tarteletteformen verwenden.
Den Boden nach Belieben mit einer feinen Creme bestreichen und/oder mit Obst belegen.

Tipps

Wenn Sie einen sehr feuchten Belag wie Kompott, leichte Cremes oder saftige Früchte haben, sollten Sie den Tarteboden vorab dünn mit flüssigem Kokosöl einpinseln. Stellen Sie ihn anschließend etwa ½ Stunde in den Kühlschrank. Bei Temperaturen unter 25 °C härtet das Kokosöl aus und bewahrt den Boden vor dem Aufweichen.
Sie können den Teig auch mit Haselnüssen, Walnüssen oder Sonnenblumenkernen statt der Mandeln zubereiten.

Kokosbutter

Grundrezept

Kokosbutter ist einfach köstlich und kinderleicht herzustellen. Dafür brauchen nur etwas geriebenes Kokosfleisch und einen Mixer. Dazu noch etwas Kokosöl für die sämige Konsistenz, eine Prise Salz, Vanille und ein Süßungsmittel Ihrer Wahl (siehe Seite 11 ff.) – und schon haben Sie eine ungemein leckere Kokosbutter, die Sie aufs Brot streichen oder gleich vom Löffel naschen können.

FÜR ETWA 250 GRAMM

250 g geriebenes Kokosfleisch oder ungesüßte Kokosraspel • 15 g Kokosöl, geschmolzen • 1 Messerspitze Vanillemark oder -pulver • 1 Prise Salz

Alle Zutaten im Mixer zu einer homogenen, dickflüssigen Masse pürieren. Je nach Mixer dauert dies zwischen 1 bis 15 Minuten. Bei weniger leistungsstarken Geräten, den Mixer alle 1 bis 2 Minuten für etwa 15 bis 30 Sekunden ausschalten und mit einem Teigschaber die Kokosmasse an den Seitenwänden nach unten schieben, sodass alle Kokosstückchen gleichmäßig zerkleinert werden.

Tipp

Wie Kokosöl wird auch Kokosbutter bei Temperaturen unter 25 °C fest. Es ist also ganz normal, dass die Butter in der kalten Speisekammer oder im Kühlschrank aushärtet. Wenn Sie die Kokosbutter kühl lagern, sollten Sie sie 1 Stunde vor dem Verzehr bei Zimmertemperatur erwärmen oder 5 Minuten sanft im Wasserbad schmelzen.

Kokossahne
Grundrezept

Zum Dekorieren von Kuchen, für eine Mousse au Chocolat oder zum Verfeinern von Torten ist Sahne einfach der Hit. Für meine rohköstliche Variante verzichte ich auf Schlagsahne aus Kuhmilch und ersetze sie durch Kokosmilch, aus der Sie im Handumdrehen eine leckere vegane Sahne mit exotischem Hauch zubereiten können.

FÜR 250 BIS 300 GRAMM

1 Dose vollfette Kokosmilch • 15 ml Agavendicksaft in Rohkostqualität • 1 Messerspitze Vanillemark oder -pulver • 1 Prise Salz

Die Kokosmilchdose über Nacht mit dem Deckel nach unten in den Kühlschrank stellen, damit sich das Kokosfett in einer cremigen Schicht an der Oberfläche absetzen kann. Anschließend die Dose umdrehen und vorsichtig öffnen. Die Flüssigkeit abgießen und beiseitestellen, um sie für Smoothies oder andere süße oder herzhafte Leckereien zu verwenden. Das Fett aus der Dose herauslösen und in eine große Schüssel geben.

Das Kokosfett mit einem Handmixer etwa 2 Minuten schaumig aufschlagen. Agavendicksaft, Vanille und Salz dazugeben und die Sahne noch etwa 1 Minute schlagen.

Frisch schmeckt die Kokossahne natürlich am besten. Krönen Sie damit Torten oder Kuchen, verwenden Sie sie für das Birnen-Tiramisu auf Seite 56 oder für die Mousse au Chocolat auf Seite 34. Und bewahren Sie Kokossahne im Kühlschrank auf.

Hinweis

Kokosmilch light ist für dieses Rezept nicht geeignet, da sich nur der Fettanteil der Milch steif schlagen lässt. Die Kokosmilch sollte zudem frei von Emulgatoren oder anderen Zusatzstoffen sein. Diese verhindern, dass sich das Kokosfett verfestigen und absetzen kann. Kokosmilch kann je nach Marke einen unterschiedlichen Fettgehalt haben. Probieren Sie einfach verschiedene Produkte aus, bis Sie die beste Wahl für Ihre Kokossahne gefunden haben.

Mousse au Chocolat und Schokoladencreme

Die einen mögen Schokodesserts lieber leicht und locker, die anderen cremig und sahnig. Meine beiden Rezepte für ausgewiesene Naschkatzen kommen ganz ohne Eier und Zucker aus.

MOUSSE AU CHOCOLAT – FÜR 4 PORTIONEN

1 Rezept Kokossahne (Seite 32) ohne Agavendicksaft • 175 g Bio-Schokolade in Rohkostqualität

Die Kokossahne ohne Agavendicksaft wie im Grundrezept auf Seite 32 beschrieben zubereiten.
Die Schokolade in kleine Stücke brechen und im Wasserbad bei maximal 42 °C sanft schmelzen lassen. Wenn sie fast vollständig geschmolzen ist, das Wasserbad vom Herd nehmen und die noch festen Schokoladenstückchen langsam zergehen lassen.
Die geschmolzene Schokolade in eine gekühlte Schüssel geben. Die Kokossahne nach und nach vorsichtig unterheben, sodass die Sahne flüssig wird.
Die Mousse au Chocolat in Dessertschälchen füllen und vor dem Servieren mindestens 1 Stunde in den Kühlschrank stellen.

SCHOKOLADENCREME – FÜR 4 PORTIONEN

80 g Datteln ohne Stein • 150 ml pflanzliche Milch (Seite 40) • 100 g Avocadofleisch • 15 g ungesüßtes Kakaopulver in Rohkostqualität • 1 Messerspitze Vanillemark oder -pulver • 1 Prise Salz

Die Datteln mehrere Stunden in der Pflanzenmilch einweichen, dann mit den übrigen Zutaten cremig pürieren. Die Schokoladencreme in Dessertschälchen füllen und bis zum Servieren im Kühlschrank aufbewahren.

Rohköstliche Fruchtaufstriche

Am liebsten beginne ich meine freien Tage mit einem gemütlichen Frühstück, zu dem für mich unbedingt eine kleine Auswahl an delikaten Konfitüren und Marmeladen gehört. Ich stelle Ihnen hier einige meiner Lieblingsrezepte für zuckerfreie, rohköstliche Fruchtaufstriche vor, die der gekochten Konkurrenz in nichts nachstehen!

FÜR JEWEILS 100 GRAMM

ZIMT-FEIGEN-KONFITÜRE • 100 g getrocknete Feigen *plus* 180–200 ml Wasser • ¼ TL Zimtpulver

APFEL-LEBKUCHEN-BUTTER • 100 g getrocknete Äpfel *plus* 180–200 ml Wasser • ¼ TL Lebkuchengewürz (aus Zimt, Sternanis, Kardamom, Anis und Muskatnuss) • 1½ TL dunkles Mandelmus in Rohkostqualität

CRANBERRY-KONFITÜRE • 100 g getrocknete Cranberrys *plus* 180–200 ml Wasser • ¼ TL Vanillemark oder -pulver

MANGO-KOKOS-CURD • 100 g getrocknete Mangos *plus* 180–200 ml Wasser • 1½ TL Kokosöl, geschmolzen

DATTELKARAMELL • 100 g Datteln ohne Stein *plus* 180–200 ml Wasser • 1½ TL Kokosöl, geschmolzen • 2 TL Cashewmus oder weißes Mandelmus in Rohkostqualität • ¼ TL Salz (Menge nach Wunsch)

Für alle Rezepte die Trockenfrüchte 2 bis 3 Stunden in dem Wasser einweichen. Anschließend die Früchte mit der Hälfte des Einweichwassers sowie den übrigen Zutaten des jeweiligen Rezepts in den Mixer geben und zu einer homogenen Masse pürieren. Nach und nach das restliche Wasser dazugeben und mixen, bis ein feiner, cremiger Fruchtaufstrich entstanden ist.

Tipps

Wenn es schnell gehen muss, können Sie das Einweichwasser auch auf maximal 42 °C erwärmen und über die Trockenfrüchte gießen. Das verkürzt die Einweichzeit auf etwa 15 Minuten. Pürieren Sie die Trockenfrüchte mit einem Hochleistungsmixer, so müssen diese nicht vorab eingeweicht werden.

Caramel

Schokolade
Grundrezept

Schokolade können Sie ganz einfach selbst herstellen. Zum Temperieren brauchen Sie ein Küchenthermometer. Durch das schonende Erwärmen bekommt Ihre Schokolade den perfekten Glanz, eine feste Konsistenz und ist weniger wärme-, licht- und feuchtigkeitsempfindlich.

FÜR JEWEILS 1 TAFEL SCHOKOLADE

GRUNDZUTATEN • 15 ml Agavendicksaft in Rohkostqualität • 15 g Puderzucker • 1 Prise Salz • 1 Messerspitze Vanillemark oder -pulver
DUNKLE SCHOKOLADE • 50 g Kakaobutter in Rohkostqualität • 40 g ungesüßtes Kakaopulver in Rohkostqualität
HELLE SCHOKOLADE • 35 g Kakaobutter in Rohkostqualität • 15 g weißes Mandelmus oder Cashewmus in Rohkostqualität • 15 g ungesüßtes Kakaopulver in Rohkostqualität
TRÜFFELSCHOKOLADE • 35 g Kakaobutter in Rohkostqualität • 15 g Haselnussmus in Rohkostqualität • 20 g ungesüßtes Kakaopulver in Rohkostqualität
WEISSE SCHOKOLADE • 45 g Kakaobutter in Rohkostqualität • 15 g weißes Mandelmus oder Cashewmus in Rohkostqualität

Eine große Schüssel mit Eiswürfeln bereitstellen.
Für jedes Rezept die Kakaobutter raspeln, mit den restlichen Zutaten vermischen und im Wasserbad bei maximal 42 °C unter ständigem Rühren schmelzen lassen. Dabei mit einem Küchenthermometer regelmäßig die Temperatur kontrollieren. Wenn die Masse geschmolzen ist, das Wasserbad vom Herd nehmen und die Schüssel mit der geschmolzenen Schokolade auf die vorbereiteten Eiswürfel stellen. Die Masse unter ständigem Rühren auf 27 bis 29 °C abkühlen. Achten Sie darauf, dass kein Wasser auf die Schokolade spritzt.
Anschließend die Schüssel mit der Schokolade erneut auf das noch heiße Wasserbad stellen und bei ausgeschalteter Herdplatte die Schokoladenmasse unter stetem Rühren wieder auf eine Temperatur von 31 bis 32 °C erwärmen.
Die Schokoladenmasse in eine Tafel- oder eine Pralinenform füllen und möglichst auf 10 °C abkühlen lassen oder für etwa ½ Stunde in den Kühlschrank stellen. Anschließend die Schokolade aus der Form lösen und trocken aufbewahren.

GRUNDREZEPT

In Naturkostläden ist das Angebot an Mandel-, Haselnuss- oder Cashewmilch mittlerweile so groß, dass die meisten Menschen gar nicht mehr auf die Idee kommen, pflanzliche Milch selbst herzustellen. Doch Sie werden sehen: Ihre eigene pflanzliche Milch ist gesünder und günstiger als jedes Fertigprodukt. Sie schmeckt zudem einfach himmlisch gut – und ist im Handumdrehen fertig.

FÜR 750 MILLILITER

100 g Nüsse, Kerne oder Samen der Wahl (z. B. Mandeln, Cashewkerne, Haselnüsse oder Sonnenblumenkerne) • 700 ml Wasser • 2 Datteln ohne Stein (oder 1 EL Agavendicksaft) • 1 Prise Salz • 1 Messerspitze Vanillemark oder -pulver

Die Nüsse, Kerne oder Samen über Nacht einweichen.
Eine Glasflasche sowie den Verschluss mit kochendem Wasser sterilisieren, während Sie die pflanzliche Milch zubereiten.
Die eingeweichten Nüsse, Kerne oder Samen durch ein Sieb abgießen und unter fließendem Wasser gründlich spülen. Die abgegossenen Nüsse mit den 700 Millilitern Wasser, den Datteln (oder dem Agavendicksaft), dem Salz und der Vanille im Mixer 1 bis 2 Minuten glatt pürieren.
Bei Cashewkernen ist die pflanzliche Milch bereits nach diesem Arbeitsgang fertig, da sie nicht gefiltert werden muss.
Für alle anderen Pflanzenmilchsorten die pürierte Masse durch einen Nussmilchbeutel, ein sauberes Mulltuch oder ein feines Nylongewebe abseihen und kräftig ausdrücken.
Die fertige Nuss- oder Samenmilch in die Flasche füllen, diese gut verschließen und kühl lagern.

Tipps

Die ausgepresste Nussmasse enthält viele wertvolle Nährstoffe. Werfen Sie sie also nicht weg, sondern nutzen Sie sie als Zutat für andere Rezepte. Ich habe sie beispielsweise in dem Apfel-Gewürz-Kuchen auf Seite 98 weiterverarbeitet.

DRY
CONTAINER
900
MAX.
MILLILITERS
750
600
450

Sie können sich nicht vorstellen, dass eine feine Vanillesauce auch ohne Eigelb, Milch und Zucker gelingt? Meine rohköstliche Variante kommt ganz ohne diese tierischen Produkte aus und schmeckt umwerfend gut. Sie ist die perfekte Ergänzung zu den Dattel-Buchweizen-Brownies (siehe Seite 50). Konditorcreme passt bestens zu Obstkuchen oder Blätterteiggebäck. Rohköstlich zubereitet ist sie im Handumdrehen fertig. Diese unverschämt leckere Creme verleiht den Beeren-Tartelettes (siehe Seite 58) das gewisse Etwas!

VANILLESAUCE – FÜR ETWA 400 MILLILITER

150 g Cashewkerne in Rohkostqualität • 40 ml Agavendicksaft in Rohkostqualität • 200 ml Wasser • ein paar Tropfen Zitronensaft (Menge nach Wunsch) • 1 Messerspitze Vanillemark oder -pulver • 1/4 TL Kurkumapulver • 1 Prise Salz

KONDITORCREME – FÜR ETWA 300 GRAMM

150 g Cashewkerne in Rohkostqualität • 35 ml Agavendicksaft in Rohkostqualität • 100 ml Wasser • ein paar Tropfen Zitronensaft (Menge nach Wunsch) • 1 Messerspitze Vanillemark oder -pulver • 1/4 TL Kurkumapulver • 1 Prise Salz

Für beide Rezepte die Cashewkerne am besten über Nacht, mindestens aber 2 Stunden in reichlich Wasser einweichen.
Anschließend die Cashewkerne abgießen, gut spülen und mit den restlichen Zutaten im Mixer glatt pürieren. Die Vanillesauce sollte eher flüssig und glänzend sein und die Konditorcreme etwas sämiger.

DIE KLASSIKER

rohköstlich

ZUBEREITET

KANADISCHER APFELKUCHEN

Der leckere Apfelkuchen meiner Kindheit wurde aus Eiern, Milch, Butter, gemahlenen Mandeln und Zimt zubereitet. Ich verzichte in meinem Rezept auf tierische Produkte und dennoch kommen die Mandel- und Zimtaromen des Teigs, die einfach vorzüglich zu den Äpfeln passen, prächtig zur Geltung. Ahornsirup rundet die Rohkostvariante dieses beliebten Kuchenklassikers ab.

FÜR EINEN KUCHEN MIT 23 ZENTIMETERN DURCHMESSER

BODEN • 1 Grundrezept für Tarteteig (Seite 26) • etwas flüssiges Kokosöl zum Bestreichen (Menge nach Bedarf)
APFEL-MANDEL-MUS • 4 Äpfel ohne Schale, entkernt (etwa 450 g) • 25 ml Ahornsirup • 40 g dunkles Mandelmus in Rohkostqualität • 30 ml Wasser • 1 TL Chiasamen • ½ TL Zimtpulver • 1 kleine Prise Salz • ein paar Tropfen Zitronensaft (Menge nach Wunsch)
BELAG • 2 Äpfel mit Schale, entkernt • einige Tropfen Zitronensaft (Menge nach Bedarf) • 1 TL Rohrohr- oder Kokosblütenzucker • 1 Messerspitze Zimtpulver

Für den Boden einen Teig zubereiten und damit die Kuchenform gleichmäßig auskleiden. Anschließend den Teig mit etwas Kokosöl bestreichen und etwa ½ Stunde kühl stellen. Dann den Boden vorsichtig aus der Form lösen.
Für das Apfel-Mandel-Mus die Äpfel in kleine Stücke schneiden und mit den restlichen Zutaten im Mixer zu einer homogenen Masse verarbeiten. Das fertige Mus mit dem Teigschaber gleichmäßig von innen nach außen auf dem Boden verteilen.
Für den Belag die beiden Äpfel waschen, aber nicht schälen. Das Kerngehäuse entfernen, die Apfelstücke in Spalten schneiden und den Kuchen von außen nach innen damit belegen. Die Äpfel mit Zitronensaft beträufeln, mit Zimt und Zucker bestreuen und den Kuchen sofort servieren!

Variationen

Sie haben keine Äpfel zur Hand? Dieser Kuchen schmeckt ebenso gut mit Birnen oder frischen Feigen. Wenn Ihnen ein ganzer Kuchen zu viel ist, können Sie auch nur das Apfel-Mandel-Mus als Dessert genießen.

Dattel-Buchweizen-Brownies

Brownies sind das Trendgebäck unserer Zeit. Alle Welt ist verrückt nach ihnen. Die amerikanische Variante der französischen Tarte au Chocolat schmeckt einfach großartig – und sündhaft schokoladig! Auch Rohköstler müssen darauf nicht verzichten – den Datteln sei Dank. Mit diesen orientalischen Früchten können Sie zusammen mit dem nussigen Aroma des Buchweizens und edlem Kakaopulver wahrlich betörende Brownies kreieren. Und niemand wird Ihnen glauben, dass sie Rohkost pur sind!

FÜR EINE KLEINE AUFLAUFFORM

BROWNIES • 300 g Datteln ohne Stein *plus* 150 ml Wasser • 1–2 Prisen Salz • 1 Messerspitze Vanillemark oder -pulver • 200 g Buchweizenflocken • 75 g ungesüßtes Kakaopulver in Rohkostqualität • 50 g Cashewmus in Rohkostqualität • 30 g Haselnussmus in Rohkostqualität • 2 TL Bio-Instantkaffee • 75 g grob gehackte Walnüsse

GANACHE • 120 g Datteln ohne Stein *plus* 100 ml Wasser • 25 g Kakaobutter in Rohkostqualität, geschmolzen • 15 g Cashewmus in Rohkostqualität • 20 g ungesüßtes Kakaopulver in Rohkostqualität • 1 Messerspitze Vanillemark oder -pulver • 1 Prise Salz

ZUM BESTREUEN • 1 EL ungesüßtes Kakaopulver in Rohkostqualität

In zwei separaten Schüsseln die Datteln für den Teig sowie für die Ganache mehrere Stunden in der angegebenen Wassermenge einweichen.

Für den Brownie-Teig die Datteln mit dem Einweichwasser, dem Salz und der Vanille zu einer homogenen Creme pürieren.

Die Buchweizenflocken fein mahlen. Dattelcreme, Buchweizenmehl und die restlichen Zutaten in einer Schüssel zunächst mit einem Holzlöffel, dann mit den Händen zu einem glatten Teig verarbeiten. Den Teig in der geölten oder mit Backpapier ausgelegten Auflaufform gleichmäßig verteilen und gut andrücken.

Für die Ganache alle Zutaten im Mixer zu einer relativ flüssigen Creme pürieren. Die Ganache mit dem Teigschaber auf dem Brownie-Teig verteilen und kühl stellen. Kurz vor dem Servieren mit dem Kakaopulver bestreuen.

Trüffel

Trüffel sind die Klassiker der Rohkost-Patisserie. Es gibt unzählige Variationen, die meist aus getrockneten Datteln, Mandeln und Nüssen hergestellt werden. Besonders locker und zart schmelzend werden sie mit Dattelcreme, Nussmus, gemahlenen Getreideflocken und Nüssen.

FÜR JEWEILS 20 TRÜFFEL

GRUNDMASSE • 150 g Datteln ohne Stein *plus* 60 ml Wasser • 15 g Kokosöl, geschmolzen • 1 Prise Salz

SCHOKO-HASELNUSS-TRÜFFEL • 20 g ungesüßtes Kakaopulver in Rohkostqualität • 40 g Haselnussmus in Rohkostqualität • 50 g ganze Haselnüsse (alternativ gemahlene Mandeln oder Haselnüsse) • 100 g Haferflocken

CASHEW-CAROB-TRÜFFEL • 20 g Carobpulver • 40 g Cashewmus in Rohkostqualität • 50 g Cashewkerne in Rohkostqualität • 100 g Haferflocken

MESQUITE-MANDEL-TRÜFFEL • 20 g naturreines Mesquitepulver oder ½ Teelöffel Zimtpulver • 40 g dunkles Mandelmus in Rohkostqualität • 50 g ganze (oder gemahlene) Mandeln • 120 g Hirseflocken

ERDNUSS-TRÜFFEL • 60 g Erdnusscreme mit Stückchen in Rohkostqualität • 60 g gemischte ganze Nüsse oder Kerne der Wahl (oder gemahlene Mandeln) • 130 g Buchweizenflocken

ZUM WENDEN DER TRÜFFEL • ungesüßtes Kakaopulver, Mesquite-, Carobpulver, Kokosraspel, Sesam-, Mohnsamen oder eine Mischung aus grob gehackten Nüssen und Kakaopulver

Für die Grundmasse die Datteln mehrere Stunden einweichen, abgießen und mit dem flüssigen Kokosöl sowie dem Salz im Mixer cremig pürieren.

Für die einzelnen Trüffelsorten jeweils die Nüsse, Kerne und Flocken mahlen. Anschließend jeweils alle Zutaten gründlich in einer Schüssel vermengen.

Zum Fertigstellen der Trüffel aus der Masse kleine Kugeln formen und diese in Kakao-, Carob- oder Mesquitepulver wenden, bis sie rundherum gleichmäßig bedeckt sind. Vor dem Servieren ungefähr 1 Stunde kalt stellen.

Tipp

In einem luftdicht verschlossenen Gefäß halten sich die Trüffel an einem kühlen Ort etwa 2 Wochen.

Apfel-Beeren-Crumble

Ich war schon immer ein großer Fan von Crumbles in allen Formen und Variationen. Eine süße Offenbarung sind meine rohköstlichen Crumbles, bei denen sich das Aroma frischer saisonaler Früchte wunderbar entfaltet. Am besten verarbeiten Sie die Früchte zu Kompott, indem Sie sie mit Zitronensaft beträufeln. Dadurch werden sie so zart und weich wie gekochte Früchte.

FÜR 4 PORTIONEN

FRUCHTKOMPOTT • 2 Äpfel ohne Schale, entkernt (etwa 320 g) • 250 g rote Beeren der Wahl • Saft von ½ Zitrone • 50 ml Agavendicksaft in Rohkostqualität • 1 Messerspitze Vanillemark oder -pulver • 1 gestrichener EL Chiasamen

STREUSEL • 75 g Paranüsse (oder andere Nüsse) • 100 g Haferflocken • 40 ml Agavendicksaft in Rohkostqualität • 30 g Kokosöl, geschmolzen • 1 Prise Salz

Für das Kompott möglichst am Vorabend, mindestens aber einige Stunden vorher die Äpfel in Spalten schneiden und die Hälfte der Beeren mit einer Gabel grob zerdrücken. Die Apfelschnitze und die zerdrückten Beeren in einer Schüssel mit dem Zitronensaft sowie den restlichen Zutaten vermengen. Anschließend die Obstmischung einige Stunden abgedeckt bei Zimmertemperatur ziehen lassen oder über Nacht in den Kühlschrank stellen.

Für die Streusel die Nüsse grob hacken und mit den restlichen Zutaten in einer Schüssel mit den Händen vermengen und 1 Stunde kühl stellen.

Zum Fertigstellen die eingelegten Früchte auf vier Dessertschälchen verteilen und jeweils mit den Streuseln bedecken. Sofort servieren, denn die Streusel sind nur ganz frisch so richtig knusprig, später weichen sie dann mehr und mehr durch.

Variationen

Für die Crumbles können Sie Obst und Beeren nach Belieben variieren. Im Sommer bieten sich beispielsweise Aprikosen, Mirabellen oder Zwetschgen an. Und im Winter? Wie wäre es da mit einem Birnenkompott oder einer Kaki-Kumquat-Mischung?

Birnen-Tiramisu

Die italienische Wendung *tirami su* bedeutet im übertragenen Sinne „Mach mich munter!" Mein rohköstliches Tiramisu wird mit einer leichten Cashew-Birnen-Creme zubereitet. Und die Löffelbiskuits ersetze ich durch einen nussigen Buchweizenteig. Dieser Muntermacher kann mit dem Klassiker der italienischen Küche locker mithalten!

FÜR 3 KLEINE PORTIONEN

BUCHWEIZENTEIG • 180 g Datteln ohne Stein *plus* 60 ml Bio-Kaffee • 1 EL Amaretto oder Wodka (wahlweise) • 30 g ganze Haselnüsse (alternativ gemahlene Mandeln oder Haselnüsse) • 100 g Buchweizenflocken • 1 Prise Salz • 2 Tropfen natürliches Bittermandelaroma (wahlweise)

CASHEW-BIRNEN-CREME • 150 g Cashewkerne in Rohkostqualität • 2 kleine Birnen ohne Schale, entkernt (etwa 225 g) • 50 g Kokossahne (Seite 32) • 30 ml Agavendicksaft in Rohkostqualität • 1 Prise Salz • 1 Messerspitze Vanillemark oder -pulver

Die Cashewkerne am besten über Nacht, mindestens aber 2 Stunden in reichlich Wasser einweichen. Zudem 60 Milliliter Kaffee zubereiten und die Datteln darin ziehen lassen.

Für den Buchweizenteig die Datteln mit Kaffee und, wenn gewünscht, mit Amaretto glatt pürieren. Dann die Haselnüsse zu feinem Mehl vermahlen. Die restlichen Zutaten dazugeben und die Masse zu einem glatten Teig verarbeiten. Den Teig in sechs gleich große Stücke aufteilen. Daraus Kugeln formen und diese mit den Fingern zu einem kleinen Kreis in der Größe der vorgesehenen Dessertgläser flach drücken. In jedes der drei Gläser eine Teigscheibe geben.

Für die Cashew-Birnen-Creme die eingeweichten Cashewkerne abgießen und gut abtropfen lassen. Anschließend im Mixer mit den restlichen Zutaten zu einer homogenen Creme pürieren. Auf die Teigschicht in den Gläsern jeweils 2 bis 3 Esslöffel Birnen-Cashew-Creme setzen. Darauf jeweils eine zweite Teigscheibe legen und auf dieser den Rest der Creme verteilen.

Tipps

Kaffee können Sie auch kalt zubereiten, indem Sie 1 Teelöffel gemahlenen Kaffee 12 bis 14 Stunden in 60 Millilitern Wasser ziehen lassen. Den erstaunlich aromatischen Kaffee durch einen Filter gießen und in den Tiramisu-Teig einarbeiten. Anstelle der geschlagenen Kokossahne können Sie das Fett der Kokosmilch auch ungeschlagen verwenden.

Beeren-Tartelettes

Diese kleinen mit Beeren oder Obst belegten Tartelettes sind in Frankreich ein Klassiker, den Sie in jeder Bäckerei oder Konditorei finden. Bei meiner rohköstlichen Version der Minikuchen habe ich den Mürbeteig mit Haferflocken zubereitet und die Cashew-Vanille-Creme schmeckt dank der enthaltenen Datteln und Cashewkerne auch ohne Milch und Eier unglaublich lecker.

FÜR 6 TARTELETTES

TEIG • 150 g Datteln ohne Stein *plus* 50 ml Wasser • 20 g Kokosöl, geschmolzen • 1 Prise Salz • 100 g gehackte Mandeln • 50 g *plus* 75 g Haferflocken
CASHEW-VANILLE-CREME • 100 g Cashewkerne in Rohkostqualität • 50 g Datteln ohne Stein *plus* 100 ml Wasser • 1 TL Zitronensaft • ¼ TL Vanillemark oder -pulver
BELAG • Beeren der Wahl (Erdbeeren, Himbeeren, Heidelbeeren, Johannisbeeren oder Brombeeren) oder andere Früchte (Aprikosen, Mangos, Pflaumen u. v. m.)

Für den Teig die Datteln 2 bis 3 Stunden einweichen und mit dem Einweichwasser, dem Kokosöl sowie dem Salz im Mixer zu einer cremigen Masse pürieren.
Die Mandeln sowie 50 Gramm der Haferflocken dazugeben und die Masse zu einem relativ groben Teig verarbeiten.
Diesen Teig mit den restlichen 75 Gramm Haferflocken in einer Schüssel erneut gut verkneten, zu einer Kugel formen und 15 Minuten in den Gefrierschrank (oder 45 Minuten in den Kühlschrank) stellen.
Für die Cashew-Vanille-Creme die Datteln und die Cashewkerne (Letztere in reichlich Wasser) 2 bis 3 Stunden einweichen. Die Cashewkerne abgießen und gut spülen. Diese mit den restlichen Zutaten zu den Datteln geben und zu einer glatten Creme pürieren.
Zum Fertigstellen der Tartelettes den Teig in sechs gleich große Stücke portionieren, zu kleinen Kugeln formen und diese gleichmäßig mit den Fingern in den Tartelette-förmchen verteilen und an den Rändern nach oben ziehen. Die Formen 30 Minuten in den Gefrierschrank stellen (oder 1 Stunde in den Kühlschrank). Dann die kleinen Tortenböden vorsichtig aus den Förmchen lösen, jeweils 2 bis 3 Teelöffel Cashew-Vanille-Creme darauf verstreichen und die Beeren dekorativ auf die Creme setzen. Fertig sind die Beeren-Tartelettes! Sie können sich die fruchtigen Küchlein sofort schmecken lassen oder bis zum Servieren kühl stellen.

Nuss- und Schokoladen-Cookies

Datteln machen diese Cookies angenehm mürbe und das Kokosöl macht sie kross. Diese Leckerbissen sind glutenfrei, protein- und ballaststoffreich und haben einen niedrigen glykämischen Index.

FÜR JEWEILS 12 COOKIES

HASELNUSS-SCHOKO-COOKIES • 75 g Haferflocken • 100 g gemahlene Mandeln • 75 g weiche Datteln ohne Stein (am besten die Sorte Mozafati) • 1–2 Prisen Salz • 35 g Kokosöl, geschmolzen • 20 g Haselnussmus in Rohkostqualität • 30 ml Agavendicksaft in Rohkostqualität • 1 Prise Vanillemark oder -pulver • 25 g grob gehackte Haselnüsse • 30 g Schokotropfen (z. B. von Rapunzel)
SCHOKO-ERDNUSS-COOKIES • 75 g Haferflocken • 100 g gemahlene Mandeln • 75 g weiche Datteln ohne Stein (am besten die Sorte Mozafati) • 1–2 Prisen Salz • 35 g Kakaobutter in Rohkostqualität, geschmolzen (oder flüssiges Kokosöl) • 40 g Erdnussmus in Rohkostqualität (möglichst mit Stückchen) • 40 ml Agavendicksaft in Rohkostqualität • 1 Prise Vanillemark oder -pulver • 30 g ungesüßtes Kakaopulver in Rohkostqualität • 30 g Schokotropfen (z. B. von Rapunzel)

Die Haferflocken fein mahlen. In einer Schüssel die gemahlenen Mandeln, Haferflocken, Datteln und Salz gründlich miteinander verkneten, bis die Datteln vollständig in die Masse eingearbeitet sind. Zu dieser Masse für die Haselnuss-Schoko-Cookies Kokosöl, Haselnussmus, Agavendicksaft, Vanille, die Haselnüsse sowie die Schokotropfen geben oder für die Schoko-Erdnuss-Cookies Kakaobutter, Erdnussmus, Agavendicksaft, Vanille sowie das Kakaopulver und die Schokotropfen hinzufügen und alle Zutaten mit den Händen zu einer Teigkugel verkneten.
Den jeweiligen Teig in 12 Stücke aufteilen, daraus mit den Handflächen kleine Kugeln rollen, diese flach drücken und zu etwa 1 Zentimeter hohen, runden Cookies formen. Die Cookies vor dem Servieren mindestens 1 Stunde in den Kühlschrank stellen.

Tipps & Variationen

Alle, die es gern fruchtig mögen, können die Schokotropfen auch durch Rosinen oder getrocknete Cranberrys ersetzen – auch diese Cookie-Variante schmeckt absolut köstlich! Die Cookies sind in einem luftdicht verschlossenen Behälter im Kühlschrank mehrere Wochen haltbar..

Cashew-

Frischkäse

Dieser Nusskäse ist ein genialer Ersatz für Frischkäse oder Quark. Er macht Ihre veganen Desserts wunderbar leicht, verleiht ihnen eine angenehm frische Note und ist ideal als Füllung von Torten oder Crêpes. Ungesüßt und ohne Vanille können Sie die Creme auch als schmackhaften Brotaufstrich genießen.

FÜR ETWA 200 GRAMM

150 g Cashewkerne in Rohkostqualität • 10 ml Agavendicksaft in Rohkostqualität • 15 g Kokosöl, geschmolzen • 30 ml Wasser • 2 TL Zitronensaft • 1 Messerspitze Vanillemark oder -pulver • 1 Prise Salz

Die Cashewkerne am besten über Nacht, mindestens aber 2 Stunden in reichlich Wasser einweichen. Anschließend abgießen, gut spülen und mit den restlichen Zutaten im Mixer zu einer samtigen Creme pürieren.
Der Cashew-Frischkäse ist im Kühlschrank mehrere Tage haltbar.

Amerikanischer Käsekuchen

Einem leckeren Käsekuchen können nur die wenigsten Menschen widerstehen. Vor allem die saftige Quark- oder Frischkäsefüllung hat es vielen Naschkatzen angetan. Kann man einen solchen Kuchen aber auch ohne Frischkäse oder Quark zubereiten? Die Antwort lautet eindeutig: „Ja, mit einer köstlich leichten Creme aus Cashewkernen." Ein Apfel verleiht der Creme eine leicht säuerliche Note und eine kleine Zucchini macht sie luftig-locker.

FÜR EINEN KUCHEN MIT 18 ZENTIMETERN DURCHMESSER

BODEN • 30 g Kokosöl, geschmolzen • 150 g Datteln ohne Stein • 30 ml Wasser • 100 g ganze (oder gemahlene) Mandeln • 120 g Haferflocken • 1 Prise Salz

CASHEWCREME • 150 g Cashewkerne in Rohkostqualität • 1 kleine Zucchini ohne Schale (etwa 100 g) • 1 kleiner säuerlicher Apfel ohne Schale, entkernt (etwa 100 g) • ¼ TL Agar-Agar *plus* 60 ml Wasser • 60 ml Agavendicksaft in Rohkostqualität • 25 g Kakaobutter in Rohkostqualität, geschmolzen (oder flüssiges Kokosöl) • ein paar Tropfen Zitronensaft (Menge nach Bedarf) • 1 Messerspitze Vanillemark oder -pulver • 1 Prise Salz

KARAMELLSAUCE (WAHLWEISE) • 65 g Cashewmus in Rohkostqualität (oder weißes Mandelmus) • 55 g dunkles Mandelmus in Rohkostqualität • 50 ml Ahornsirup • ¼ TL Salz • 1 Messerspitze Vanillemark oder -pulver • 50 ml pflanzliche Milch (Seite 40)

Die Cashewkerne über Nacht in reichlich Wasser einweichen.
Für den Boden das flüssige Kokosöl mit den Datteln und dem Wasser zu einer möglichst homogenen Masse pürieren.
Die Mandeln fein mahlen (oder gemahlene Mandeln verwenden). Dann alle Zutaten für den Teig in einer Schüssel gut durchmengen und mit den Händen zu einer Kugel verkneten. Den Teig mit den Fingern in einer Springform gleichmäßig verteilen und am Rand nach oben ziehen. Anschließend in den Kühlschrank stellen.
Für die Cashewcreme die eingeweichten Cashewkerne abgießen und gut abtropfen lassen. Die Zucchini sowie den Apfel schälen und jeweils in kleine Stücke schneiden. In einem kleinen Topf das Agar-Agar-Pulver mit dem Wasser verrühren, zum Kochen bringen und noch 1 Minute köcheln lassen. Dann den Topf vom Herd nehmen.
Das Agar-Agar mit den restlichen Zutaten im Mixer zu einer glatten Creme pürieren. Diese auf dem Boden verteilen und den Kuchen mindestens 1 Stunde kalt stellen.
Für die Karamellsauce das Cashew- und das Mandelmus mit dem Ahornsirup in eine Schüssel geben und mit einem Löffel verrühren.
Salz, Vanille sowie nach und nach die pflanzliche Milch dazugeben. So lange rühren, bis die Karamellsauce schön glatt und glänzend ist.
Den Kuchen vorsichtig aus der Springform lösen und mit der Karamellsauce beträufelt servieren.

Tipps & Variationen

Oft wird es zu einer Hausforderung, einen Käsekuchen unfallfrei aus der Form zu lösen. Ich empfehle Ihnen, den Boden und den Rand der Springform vor dem Befüllen dünn mit Öl einzupinseln. Entfernen Sie beim Herausnehmen zuerst den Rand der Form. Ziehen Sie dann ein großes Messer vorsichtig unter dem Boden durch und schieben Sie ihn ganz vorsichtig auf eine Kuchenplatte.
Noch leckerer und erfrischender schmeckt der Käsekuchen mit einer fruchtigen Beerensauce. Und auch mit dem Cashew-Frischkäse von Seite 62 ist er ein Traum!

FUDGES

Auf einer Sprachreise durch Schottland habe ich vor vielen Jahren ein köstliches Konfekt aus Weichkaramell kennengelernt. In Schottland heißen die kleinen Naschereien „Fudges". Auf der Suche nach meinem absoluten Lieblingskonfekt habe ich ganz Paris durchstreift. Doch als ich vor einigen Jahren Veganerin wurde, war es erst einmal vorbei mit diesen kleinen Leckerbissen! Ganz aus dem Sinn sind sie mir jedoch nie gegangen, und irgendwann habe ich mich an die vegane Rohkostversion des Karamellkonfekts gewagt ... Das Ergebnis ist umwerfend köstlich und hat einen erhöhten Suchtfaktor!

FÜR JEWEILS 20 FUDGES

GRUNDZUTATEN • 50 g Haferflocken • 5 g Kokosöl, geschmolzen • 15 g Kakaobutter in Rohkostqualität, geschmolzen (oder flüssiges Kokosöl) • 40 ml Agavendicksaft in Rohkostqualität • 5 g Kokosblütenzucker • 1 Messerspitze Vanillemark oder -pulver • 1 Prise Salz • 60 g Nuss- oder Samenmus der Wahl in Rohkostqualität

HELLES KARAMELLKONFEKT • 60 g weißes Mandelmus in Rohkostqualität

RUM-ROSINEN-FUDGES • 60 g weißes Mandelmus in Rohkostqualität • 1 Prise Zimtpulver • 1 Tropfen Rumessenz • 10 g ungebleichte Rosinen • 15 g gehackte Walnüsse

DUNKLES KARAMELLKONFEKT • 60 g dunkles Mandelmus in Rohkostqualität

PRALINÉ-FUDGES • *Verwenden Sie für die Grundmasse nur 45 g Haferflocken* • 60 g Haselnussmus in Rohkostqualität • 10 g ungesüßtes Kakaopulver in Rohkostqualität

KOKOS-KARAMELL-FUDGES • *Verwenden Sie für die Grundmasse nur 40 g Haferflocken und ersetzen Sie das Nuss- oder Samenmus durch 40 g flüssige Kokosbutter (Seite 30)* • 5 g Kokosöl, geschmolzen

ZUM VERZIEREN (WAHLWEISE) • gehackte Nüsse, Mandeln, Haselnüsse, Sesamsamen, Kakaonibs, Buchweizenkörner, Rosinen, gehackte weiße Maulbeeren oder Gojibeeren (Menge nach Wunsch)

Die Haferflocken fein mahlen.

Für die einzelnen Konfektsorten die Zutaten für die Grundmasse sowie für das betreffende Rezept in eine Schüssel geben und sorgfältig zu einer cremigen Masse verarbeiten.

Dann eine 10 mal 10 Zentimeter oder 15 mal 7 Zentimeter große Backform mit Backpapier oder Klarsichtfolie auslegen und die Konfektmasse gleichmäßig darin verteilen.

Die Form 1 Stunde kühl stellen. Anschließend die fest gewordene Masse in pralinengroße Würfel schneiden.

Zum Verzieren die fertigen Fudges nach Wahl in den bereitgestellten gehackten Nüssen oder Kernen, Kakaonibs, Rosinen, Gojibeeren etc. wenden.

Tipps & Variationen

Sie können die Konfektmasse auch in kleine Patisserie-Förmchen füllen und diese dann mit den gehackten Nüssen, Kakaonibs usw. bestreuen.

Das Konfekt ist im Kühlschrank mehrere Wochen haltbar. So lange überlebt es aber nur selten, da auch Sie es sicherlich innerhalb von kürzester Zeit vernascht haben.

Zitronen-Tartelettes
mit Sahnehäubchen

Es überrascht mich immer wieder, dass diese rohköstlichen Zitronen-Tartelettes fast besser schmecken als die „echten" vom Konditor. Ihr Teig hat eine dezente Ahornsirup-Note, die Zitronencreme ist schlicht ein Traum und das i-Tüpfelchen auf den Tartelettes sind die Kokossahne-Häubchen. Sie sind der perfekte vegane Ersatz für das gebackene Baiser der klassischen Tartelettes! Der milde Kokosgeschmack bildet einen feinen aromatischen Kontrast zu der säuerlichen Zitronencreme.

FÜR 4 TARTELETTES

TEIG • 100 g Hirseflocken oder andere Getreideflocken • 60 g Erdmandelmehl (oder gemahlene Mandeln) in Rohkostqualität • 50 ml Ahornsirup • 15 g Kokosöl, geschmolzen • 15 g dunkles Mandelmus oder Mus aus Sonnenblumenkernen in Rohkostqualität • 35 ml Wasser • 1 Messerspitze Vanillemark oder -pulver • 1 Prise Salz • etwas flüssiges Kokosöl zum Bestreichen (Menge nach Bedarf)
ZITRONENCREME • 1 Kaki oder Mango (etwa 115 g) • Saft von 1 Zitrone • abgeriebene Schale von ½ Bio-Zitrone • 50 g Sonnenblumenkerne • 15 ml Agavendicksaft in Rohkostqualität • 25 ml Wasser • 25 ml pflanzliche Milch (Seite 40) • 1 Messerspitze Vanillemark oder -pulver
KOKOSSAHNE-HÄUBCHEN • 1 Rezept Kokossahne (Seite 32)

Für den Teig die Hirseflocken fein mahlen und mit den restlichen Zutaten verkneten. Anschließend den Teig in vier Portionen aufteilen und aus diesen kleine Kugeln formen. Damit die vier eingefetteten Tartelettformen auskleiden. Die Tortenböden dünn mit dem Kokosöl bestreichen und etwa 1 Stunde kalt stellen.
Für die Zitronencreme alle Zutaten zu einer glänzenden, glatten Creme pürieren.
Zum Fertigstellen die Tartelettes nach der Kühlzeit vorsichtig aus den Förmchen lösen und die Zitronencreme darauf verteilen. Einen Spritzbeutel mit der steif geschlagenen Kokossahne füllen und jedes Törtchen dekorativ damit verzieren.

Mandel-Tartelettes

Meine veganen, rohköstlichen Mandel-Tartelettes stehen den klassischen Mandeltörtchen in nichts nach. Für den Teig und die Creme verwende ich Mandeln und eine Birne, die eine reizvolle und dennoch harmonische Verbindung eingehen. Noch etwas Ahornsirup und Vanille dazu – und fertig sind diese hinreißenden Tartelettes.

FÜR 2 TARTELETTES

TEIG • 90 g ganze (oder gemahlene) Mandeln • 60 g Haferkleie • 3 EL Ahornsirup • 15 g Kokosöl, geschmolzen • 10 ml Wasser • 1 Prise Salz • naturreines Pflanzenöl zum Einfetten (z. B. geschmacksneutrales Oliven- oder Traubenkernöl, Menge nach Bedarf)

MANDELCREME • 30 g ganze (oder gemahlene) Mandeln • 2 EL Ahornsirup • 25 g dunkles Mandelmus in Rohkostqualität • 30 ml pflanzliche Milch (Seite 40) • 1 Messerspitze Vanillemark oder -pulver • 1 Prise Salz

ZUM BELEGEN • 1 Birne

Die ganzen Mandeln für den Teig und die Creme jeweils fein mahlen (oder fertig gemahlene Mandeln verwenden).

Für den Teig alle Zutaten in einer Schüssel vermischen, gut verkneten und anschließend daraus zwei gleich große Teigkugeln formen.

Dann zwei Tarteletteformen dünn mit etwas Pflanzenöl einpinseln, den Teig darin mit den Fingern verteilen und an den Rändern nach oben ziehen. Die Törtchen 1 Stunde kühl stellen.

Für die Mandelcreme alle Zutaten gut miteinander verrühren.

Zum Anrichten der Tartelettes die Tortenböden sorgfältig aus den Förmchen lösen. Eine Birne schälen, halbieren und das Kerngehäuse entfernen. Jeweils 1 Birnenhälfte mit der Rundung nach oben auf den Boden legen. Die Tartelettes mit der Mandelcreme auffüllen und sofort genießen!

Baskische Kirschküchlein

Die kleinen baskischen Kirschkuchen haben es mir besonders angetan und so habe ich eine rohköstliche Alternative zu dieser Spezialität kreiert. Der Teig schmeckt fast wie gebackener Mürbeteig und für die Füllung verwende ich selbst gemachte Kirschkonfitüre oder die Konditorcreme von Seite 44.

FÜR 4 KLEINE BASKISCHE KUCHEN

TEIG • 150 g gemahlene Mandeln • 100 g Haferkleie • 35 g Kakaobutter in Rohkostqualität, geschmolzen (oder flüssiges Kokosöl) • 3 EL Agavendicksaft in Rohkostqualität • 1 Messerspitze Vanillemark oder -pulver • 1 Prise Salz • naturreines, geschmacksneutrales Pflanzenöl zum Einfetten (Menge nach Bedarf)
KIRSCHKONFITÜRE • 100 g schwarze Kirschen, entkernt • 2 TL Chiasamen • 1–2 TL Agavendicksaft in Rohkostqualität

Für den Teig alle Zutaten gut verkneten, in vier große und vier kleine Portionen aufteilen und diese jeweils zu Kugeln formen. Die größeren Teigkugeln dienen als Boden, die kleineren als Decke für die Küchlein.
Für die Kirschkonfitüre die entkernten Kirschen grob mixen oder mit einer Gabel zerdrücken. Mit den Chiasamen sowie dem Agavendicksaft verrühren und 10 Minuten ruhen lassen.
Zum Fertigstellen der Küchlein die größeren Teigkugeln jeweils zwischen zwei Blättern Backpapier mit einem Nudelholz ausrollen oder mit den Fingern flach drücken, bis der Teigkreis etwas größer als die Tarteletteform ist. Vier leicht mit Pflanzenöl eingefettete Tarteletteformen mit den Teigplatten bis zum Rand auskleiden.
Dann jeweils ein Viertel der Konfitüre auf dem Boden verstreichen.
Für die Teigdecke die vier kleineren Teigkugeln ebenfalls zwischen zwei Blättern Backpapier mit dem Nudelholz ausrollen oder mit den Fingern flach drücken, bis sie ungefähr so groß wie die Tarteletteform sind. Zum Verzieren mit einem Messer vorsichtig ein Rautenmuster mit zwei Längs- und zwei Querlinien in den Teig ritzen, dann jeweils die Teigdecke auf die Konfitüre setzen und die Ränder von Boden und Decke sanft zusammendrücken, um die Küchlein zu schließen.
Mindestens 1 Stunde an einem kühlen Ort ruhen lassen und die Kirschküchlein anschließend vorsichtig aus der Form lösen.

Carrot-Cake

Mein rohköstlicher Carrot-Cake ist besonders gesund, denn ich bereite ihn nahezu ohne Süßungsmittel zu. Diesen Part übernimmt die Ananas mit ihrem von Natur aus mild-süßlichen Aroma. Und das Weißmehl ersetze ich durch ballaststoffreiches Kokosmehl. Anstelle von frischen Karotten können Sie für diesen Kuchen aber auch Karottenfleisch verwenden, das beim Herstellen von Karottensaft übrig bleibt. Dann brauchen Sie allerdings etwas mehr Süßungsmittel.

FÜR EINEN KUCHEN MIT 25 ZENTIMETERN DURCHMESSER

4 mittelgroße Karotten (etwa 250 g) • ½ Ananas (etwa 250 g Fruchtfleisch; oder die gleiche Menge Äpfel oder Birnen) • 25 ml Zitronensaft • 30 ml Kokosöl, geschmolzen • 20 ml Wasser • 1 EL Agavendicksaft in Rohkostqualität • 1 kleines Stück frische Ingwerwurzel • 1 Prise Salz • ½ TL Zimtpulver • 30 g Kokosmehl • 50 g ungesüßte Kokosraspel • 30 g Nüsse oder Kerne der Wahl, grob gehackt
ZUM VERZIEREN • 1 Rezept Kokossahne (Seite 32) • 1 Handvoll Kokosflakes

Für den Teig die Karotten zunächst in Scheiben schneiden und dann mit der Pulse-Funktion des Mixers gleichmäßig, aber relativ grob zerkleinern.
Die Karotten in eine Schüssel geben und beiseitestellen.
Die Schale der halben Ananas großzügig abschneiden, dabei auch die braunen Augen und den Strunk entfernen. Dann die Ananas in kleine Stücke schneiden und mit dem Zitronensaft, Kokosöl, Wasser, Agavendicksaft, Ingwer, Salz und Zimt zu einer cremigen, glänzenden Masse pürieren. Die Mischung in die Schüssel mit den Karotten geben und alles gut verrühren. Kokosmehl, Kokosraspel und die gehackten Nüsse bzw. Kerne dazugeben, erneut sorgfältig mischen und zu einem glatten Teig verarbeiten. Den Teig in eine Kuchenform oder Schüssel geben, gut andrücken und mindestens 1 Stunde an einem kühlen Ort ruhen lassen.
Anschließend den Kuchen vorsichtig aus der Form oder der Schüssel stürzen.
Zum Verzieren mit Kokossahne bestreichen und mit Kokosflakes bestreuen. Der Carrot-Cake kann sofort serviert werden. Wenn nicht, sollten Sie ihn bis zum Verzehr kühl lagern.

ROHE KÖSTLICHKEITEN
für
NASCHKATZEN

Schoko-Minz-Torte

Während meiner ersten Englandreise habe ich mich total in diese kleinen Naschereien aus Pfefferminzcreme und Zartbitterschokolade verliebt und konnte davon einfach nicht genug bekommen. Obwohl ich mittlerweile Veganerin und Rohköstlerin bin, liebe ich nach wie vor den Geschmack von Pfefferminze, umhüllt mit dunkler Schokolade. Die beiden sind einfach ein perfektes Paar! Für meine rohköstliche Schoko-Minz-Torte habe ich etwas Kohlepulver verwendet. Es ist geschmacksneutral und verleiht der Torte eine spektakulär schillernde, tiefschwarze Farbe.

FÜR EINE TORTE MIT 18 ZENTIMETERN DURCHMESSER

TEIG • 250 g Datteln ohne Stein *plus* 60 ml Wasser • 30 g Kakaobutter in Rohkostqualität, geschmolzen • 1 Prise Salz • 150 g Buchweizenkörner • 20 g ungesüßtes Kakaopulver in Rohkostqualität • 1 TL medizinisches Kohlepulver (aus der Apotheke)
MINZCREME • 130 g Cashewkerne in Rohkostqualität • ¼ TL Agar-Agar *plus* 60 ml Wasser • 25 g Kakaobutter in Rohkostqualität, geschmolzen • 1 Birne ohne Schale (etwa 130 g Fruchtfleisch), entkernt und in kleine Stücke geschnitten • 40 ml Agavendicksaft in Rohkostqualität • 1 Messerspitze Vanillemark oder -pulver • 3 Tropfen naturreines Pfefferminzaroma
SCHOKOLADENCREME • 130 g Cashewkerne in Rohkostqualität • ¼ TL Agar-Agar *plus* 60 ml Wasser • 25 g Kakaobutter in Rohkostqualität, geschmolzen • 85 g Datteln ohne Stein, in kleine Stücke geschnitten • 1 Birne ohne Schale (etwa 130 g Fruchtfleisch), entkernt und in kleine Stücke geschnitten • 25 g ungesüßtes Kakaopulver in Rohkostqualität • 1 TL medizinisches Kohlepulver (aus der Apotheke)

Die entkernten Datteln über Nacht einweichen. Die Cashewkerne für die Minz- und die Schokoladencreme in zwei separaten Schüsseln ebenfalls über Nacht in reichlich Wasser einweichen.

Für den Teig die Datteln mit dem Einweichwasser, der flüssigen Kakaobutter und dem Salz zu einer möglichst homogenen Masse pürieren.

Die Buchweizenkörner fein mahlen, mit den restlichen Zutaten für den Teig in einer Schüssel verkneten und zu einer Kugel formen.

Dann eine Springform mit etwas Oliven- oder Traubenkernöl einpinseln, den Teig mit den Fingern gleichmäßig darin verteilen und am Rand nach oben ziehen. Die Form mit dem Boden kühl stellen.

Für die Minzcreme die eingeweichten Cashewkerne abgießen und gut abtropfen lassen. In einem kleinen Topf das Agar-Agar-Pulver mit dem Wasser verrühren, zum Kochen bringen, 1 Minute köcheln lassen und anschließend vom Herd nehmen.

Das Agar-Agar mit den restlichen Zutaten im Mixer zu einer glatten Creme pürieren und beiseitestellen.

Die Schokoladencreme ebenso zubereiten wie die Minzcreme.

Zum Fertigstellen der Torte 1 Esslöffel Schokoladencreme mittig auf den Boden geben, darauf 1 Esslöffel Minzcreme setzen. Wiederholen, bis beide Cremes aufgebraucht sind.

Für das Marmormuster mit einem dünnen Holzstäbchen oder einem spitzen Messer unregelmäßige Linien durch die Cremeschichten ziehen.

Den Kuchen 1 Stunde kalt stellen, anschließend vorsichtig aus der Springform lösen und genießen!

Tipps

Wenn die Schokoladen-Minz-Kombination nicht ganz nach Ihrem Geschmack ist, empfehle ich Ihnen, das Pfefferminzaroma durch etwas Vanillemark oder -pulver zu ersetzen. Und schon haben Sie einen wunderbaren Schoko-Vanille-Kuchen!

Geeiste Kokos-Himbeer-Tartelettes

Veganes Eis herzustellen ist kinderleicht: ein paar gefrorene Bananenscheiben und Ihre Lieblingsfrüchte sowie andere aromatische Zutaten z. B. Himbeeren, Minze oder Schokolade, pürieren. In diesem Rezept habe ich zwei meiner Favoriten vereint: Eiscreme und Tartelettes – ein wahrlich erfrischendes Sommerdessert!

FÜR 2 TARTELETTES

TEIG • 100 g Datteln ohne Stein *plus* 35 ml Wasser • 35 g frische Beeren der Wahl • 15 g Kokosöl, geschmolzen • 20 g ungesüßte Kokosraspel • 30 g Kokosmehl • 1 Prise Salz • etwas flüssiges Kokosöl zum Bestreichen (Menge nach Bedarf)
EISCREME • 130 g gefrorene Bananenscheiben • 75 g gefrorene Himbeeren • 10 g flüssige Kokosbutter (Seite 30) • 10 ml Agavendicksaft in Rohkostqualität • 50 ml pflanzliche Milch (Seite 40) • 1 Prise Salz • ½ TL Guarkernmehl oder Xanthan (wahlweise)
KOKOS-VANILLE-SAUCE • 20 g flüssige Kokosbutter (Seite 30) • 10 ml Agavendicksaft in Rohkostqualität • 1 Messerspitze Vanillemark oder -pulver • 10 ml pflanzliche Milch (Seite 40)
ZUM DEKORIEREN • ein paar frische rote Beeren (Menge nach Wunsch)

Für den Teig die Datteln mehrere Stunden einweichen, dann mit dem Wasser, den Beeren und dem flüssigen Kokosöl im Mixer glatt pürieren.
Die Masse mit Kokosraspel, Kokosmehl und Salz in einer Schüssel zu einem Teig verkneten, in zwei gleich große Stücke aufteilen und damit die Tarteletteformen auskleiden. Die Böden dünn mit Kokosöl bestreichen und die Tartelettes in den Kühlschrank stellen.
Für die Eiscreme alle Zutaten zu einer glatten, glänzenden Creme pürieren und für einige Minuten in den Gefrierschrank stellen.
In der Zwischenzeit **die Kokos-Vanille-Sauce** zubereiten, indem Sie die flüssige Kokosbutter und mit den restlichen Zutaten gut verrühren.
Zum Fertigstellen der Tartelettes das Eis auf dem Boden der beiden Tarteletteformen verteilen. Die Kokos-Vanille-Sauce daraufgeben, mit roten Beeren verzieren und sofort servieren.

Banoffee-Crumble

Den Banoffee-Pie, einen englischer Dessert-Klassiker aus Bananen, Sahne und Karamellsauce, gibt es als Kuchen oder in Dessertgläsern als Crumble. Meine rohköstliche Crumble-Komposition verfeinere ich mit Kakao und Erdnussmus.

FÜR 2 DESSERTGLÄSER

CRUMBLE-TEIG • 60 g Dinkelflocken (alternativ Buchweizen-, Hafer- oder Hirseflocken) 30 g Sonnenblumenkerne • 10 g ungesüßtes Kakaopulver in Rohkostqualität • 25 ml Ahornsirup • 20 g Erdnussmus in Rohkostqualität • 10 g Kokosöl, geschmolzen • 25 ml Wasser • 1 Prise Salz

KARAMELLCREME • 70 g Datteln ohne Stein *plus* 60 ml Wasser • 5 g Kokosöl, geschmolzen • 20 g Haselnussmus in Rohkostqualität • 1 Prise Salz • 1 Messerspitze Vanillemark oder -pulver

BANANENCREME • ½ Banane • 20 g Kokosbutter (Seite 30) oder flüssiges Kokosöl • 10 ml Ahornsirup • 40 ml pflanzliche Milch (Seite 40) • ein paar Tropfen Zitronensaft (Menge nach Wunsch) • 1 sehr kleine Prise Salz • 1 Messerspitze Vanillemark oder -pulver

ZUM BELEGEN • 1½ Bananen, in Scheiben geschnitten

ZUM DEKORIEREN • ungesüßtes Kakaopulver in Rohkostqualität, ungesüßte Kokosraspel, getrocknete Maulbeeren oder Schokostreusel (wahlweise)

Die Datteln über Nacht einweichen.

Für den Crumble-Teig alle Zutaten in eine Schüssel geben und gut vermischen.

Für die Karamellcreme die Datteln mit den restlichen Zutaten im Mixer cremig pürieren.

Für die Bananencreme alle Zutaten zu einer glatten Creme mixen.

Zum Anrichten der Banoffee-Crumbles jeweils einen Esslöffel des Crumble-Teigs in die beiden Dessertgläser setzen und mit ein paar Bananenscheiben bedecken. Dann jeweils die Hälfte der Karamellcreme darübergeben, anschließend der Reihe nach einen Löffel Crumble-Teig, ein paar Bananenscheiben sowie jeweils die Hälfte der Bananencreme darauf verteilen. Zum Abschluss noch den restlichen Crumble-Teig über die Creme geben und nach Belieben mit Kakaopulver, Kokosraspel, getrockneten Maulbeeren oder Schokostreuseln bestreuen.

Vor dem Servieren etwa ½ Stunde kühl stellen.

Tortentraum aus Tausendundeiner Nacht

Früher ging ich gern in libanesische oder maghrebinische Restaurants, um dort mein Lieblingsdessert, eine mit gehackten Pistazien bestreute Kardamomcreme, genüsslich zu verspeisen. Das traumhaft köstliche Dessert hat mich schließlich auf die Idee für diese märchenhafte Torte gebracht.

FÜR EINE TORTE MIT 18 ZENTIMETERN DURCHMESSER

TEIG • 200 g getrocknete Feigen • 30 ml Wasser • 1 Prise Salz • 20 g Pistazien • 80 g Mandeln • 100 g Hirseflocken

FEIGENCREME • ½ TL Agar-Agar *plus* 100 ml Wasser • 400 g frische Feigen • 1 EL Agavendicksaft in Rohkostqualität

KARDAMOMCREME • ½ TL Agar-Agar *plus* 150 ml Wasser • 100 g Cashewkerne in Rohkostqualität • ½ Apfel ohne Schale (etwa 100 g Fruchtfleisch), entkernt und in kleine Stücke geschnitten • 20 g Pistazien, gehackt • 2 EL Agavendicksaft in Rohkostqualität • 2–3 Prisen gemahlener Kardamom (oder 1 zerdrückte Kardamomkapsel) • 1 Handvoll gehackte Pistazien zum Bestreuen

ROSENGELEE • ¼ TL Agar-Agar *plus* 35 ml Wasser • 100 g frische Erdbeeren • 30 ml Rosenwasser • 1 TL Agavendicksaft in Rohkostqualität

ZUM DEKORIEREN • 1–2 Handvoll gehackte Pistazien • 3 frische Feigen

Für den Teig die getrockneten Feigen 2 bis 3 Stunden einweichen (bei Verarbeitung mit einem Hochleistungsmixer ist das Einweichen nicht erforderlich). Anschließend mit dem Wasser und dem Salz zu einer glatten Creme pürieren.
Der Reihe nach Pistazien, Mandeln und Hirseflocken dazugeben und zu einer stückigen Masse verarbeiten.
Den Teig mit den Fingern etwa 1 Zentimeter dick in einer Springform verteilen (eventuell bleibt etwas Teig übrig) und entweder 15 Minuten im Gefrierschrank oder 1 Stunde im Kühlschrank kalt stellen.
Für die Feigencreme das Agar-Agar-Pulver in einem kleinen Topf mit dem Wasser verrühren, zum Kochen bringen, 1 Minute köcheln lassen und vom Herd nehmen. Die frischen Feigen mit Agar-Agar und dem Agavendicksaft im Mixer zu einer homogenen Creme pürieren. Diese auf dem Teig verteilen und die Springform erneut etwa 15 Minuten in den Gefrierschrank (oder 1 Stunde in den Kühlschrank) stellen.
Für die Kardamomcreme das Agar-Agar-Pulver in einem kleinen Topf mit dem Wasser verrühren und zum Kochen bringen, 1 Minute köcheln lassen und vom Herd nehmen. Die restlichen Zutaten außer den gehackten Pistazien mit dem Agar-Agar im Mixer cremig pürieren. Die Springform aus dem Gefrierschrank nehmen und 1 Handvoll gehackte Pistazien auf der Feigencreme verteilen, darauf die Kardamomcreme verstreichen und die Torte wieder 15 Minuten im Gefrierschrank (oder 1 Stunde im Kühlschrank) kalt stellen.
Für das Rosengelee das Agar-Agar-Pulver in einem kleinen Topf mit dem Wasser verrühren und zum Kochen bringen, 1 Minute köcheln lassen und vom Herd nehmen. Die restlichen Zutaten im Mixer mit dem Agar-Agar zu einer sehr glatten Masse verarbeiten. Die Torte aus dem Gefrierschrank holen, das Gelee auf der Kardamomcreme verstreichen und die Springform erneut 15 Minuten in den Gefrierschrank (oder 1 Stunde in den Kühlschrank) stellen.
Anschließend den Tortentraum vorsichtig aus der Form lösen, mit gehackten Pistazien und frischen, ggf. geviertelten oder halbierten Feigen garnieren und sofort servieren.

Tipps & Variationen

Lassen Sie sich von der umfangreichen Anleitung dieses Rezepts nicht abschrecken. Die einzelnen Schritte sind einfach und schnell gemacht. Die frischen Feigen können Sie durch Erdbeeren oder Himbeeren ersetzen und die Pistazien durch Mandeln oder Pinienkerne. Für eine Torte mit exotischem Hauch sind besonders Mangos und Erdnüsse ein Traum.
Haben Sie noch Teig übrig? Formen Sie doch daraus einfach kleine Energiekugeln und wenden Sie diese wahlweise in Kokosflocken, Sesam, gemahlenen Mandeln oder Nüssen!

MACARONS

Die klassischen französischen Macarons sind ein Baisergebäck aus gemahlenen Mandeln. Die Doppelkekse werden mit verschiedenen Cremes gefüllt und glasiert. Kaum zu glauben, dass man das legendäre Mandelgebäck auch ohne Eier und raffinierten Zucker zubereiten kann. Sie werden überrascht sein, wie luftig, locker und aromatisch Ihre rohköstlichen Macaron-Kreationen werden!

FÜR JEWEILS 8 MACARONS

GRUNDTEIG FÜR MACARONS • 100 g ganze (oder gemahlene) Mandeln • 100 g Haferflocken • 50 ml Agavendicksaft in Rohkostqualität • 25 g Kokosöl, geschmolzen • 10 ml Wasser • 1 Messerspitze Vanillemark oder -pulver • 1 Prise Salz

SCHOKO-MACARONS • 1 Rezept Grundteig für Macarons (siehe oben) • 10 g ungesüßtes Kakaopulver in Rohkostqualität • ein paar Tropfen Wasser (Menge nach Bedarf)

BEEREN-MACARONS • 1 Rezept Grundteig für Macarons (siehe oben) • 30 g gemahlene Mandeln • 10 ml Agavendicksaft in Rohkostqualität • ein paar zerdrückte Beeren • 1 Messerspitze Rote-Bete-Pulver

MOHN-MACARONS • 1 Rezept Grundteig für Macarons (siehe oben) • 20 g Mohnsamen • 20 ml Agavendicksaft in Rohkostqualität • ½ TL medizinisches Kohlepulver (aus der Apotheke) • ein paar Tropfen Wasser (Menge nach Bedarf)

Für den Grundteig die ganzen Mandeln fein mahlen und mit den Haferflocken mischen. Anschließend Agavendicksaft, Kokosöl und Wasser unter die trockenen Zutaten rühren und zu einer homogenen Masse verarbeiten. Mit diesem Grundteig können Sie im Handumdrehen einfache Mandel-Macarons herstellen.
Für die anderen Macaron-Sorten müssen Sie nur die Zutaten des jeweiligen Rezepts mit dem Grundteig verrühren. Dann den Teig in 16 gleich große Portionen aufteilen und daraus kleine Kugeln formen. Diese mit den Fingern flach drücken, auf einen Teller legen und während der Zubereitung von Füllung und Kuvertüre in den Kühlschrank stellen.

FÜLLUNG

DUNKLE SCHOKOLADENCREME • 30 g Bio-Zartbitterschokolade in Rohkostqualität, geschmolzen • 20 ml pflanzliche Milch (Seite 40) • 1 TL ungesüßtes Kakaopulver in Rohkostqualität • 1 TL Agavendicksaft in Rohkostqualität • 1 kleine Prise Salz
PRALINÉ • 30 g Bio-Zartbitterschokolade in Rohkostqualität, geschmolzen • 20 ml pflanzliche Milch (Seite 40) • 2–3 TL Haselnussmus in Rohkostqualität • 1 TL ungesüßtes Kakaopulver in Rohkostqualität • 2 TL Agavendicksaft in Rohkostqualität • 1 kleine Prise Salz
KARAMELLCREME • 2 TL dunkles Mandelmus in Rohkostqualität • 1 TL Ahornsirup • 1 TL Kokosöl, geschmolzen • 2 TL Kakaobutter in Rohkostqualität, geschmolzen (oder flüssiges Kokosöl) • 2 TL pflanzliche Milch (Seite 40) • 1 kleine Prise Salz
ROTE-BEEREN-CREME • 60 g Himbeeren • 2 TL Agavendicksaft in Rohkostqualität • 2 TL Kokosöl, geschmolzen • 1 TL Chiasamen
WEIßE SCHOKOLADENCREME • 20 g Kakaobutter in Rohkostqualität, geschmolzen • 2 TL Agavendicksaft in Rohkostqualität • 2 TL weißes Mandelmus in Rohkostqualität • 2 TL pflanzliche Milch (Seite 40) • 1 Messerspitze Vanillemark oder -pulver • 1 kleine Prise Salz

Für die einzelnen Cremefüllungen die jeweiligen Zutaten im Mixer zu einer sämigen Masse verrühren und etwa 1 Stunde kühl stellen.
Zum Fertigstellen der Macarons jeweils einen Teelöffel der Cremefüllung auf die Unterseite eines Doppelkekses geben, einen zweiten Doppelkeks auf die Creme setzen und vorsichtig andrücken. Die Macarons bis zum Verzehr im Kühlschrank aufbewahren – oder gleich vernaschen!

Schokolavocat-Torte

Vorsicht Schokoholics! Diese rohköstliche Torte hat Suchtpotenzial. Stellen Sie sich einen Boden mit himmlisch leckerer Marzipannote und knackigem Biss vor, bedeckt mit einer traumhaft schokoladigen Creme. Ein unwiderstehlicher Genuss ...

FÜR EINEN KUCHEN MIT 25 ZENTIMETERN DURCHMESSER

TEIG • 200 g ganze (oder gemahlene) Mandeln • 30 g ungesüßtes Kakaopulver in Rohkostqualität • 55 g Kakaobutter in Rohkostqualität, geschmolzen • 75 g ganze Buchweizenkörner • 70 ml Agavendicksaft in Rohkostqualität • 100 g Weizenkeime oder gemahlene Mandeln • 50 ml Wasser • 1 Messerspitze Vanillemark oder -pulver • 1 Prise Salz • naturreines Pflanzenöl zum Einfetten (z. B. geschmacksneutrales Oliven- oder Traubenkernöl; Menge nach Bedarf) • etwas flüssiges Kokosöl zum Bestreichen (Menge nach Bedarf)

SCHOKOLAVOCAT-CREME • 150 g Datteln ohne Stein • 225 ml pflanzliche Milch (Seite 40) • 1 Avocado (etwa 125 g Fruchtfleisch), entkernt und geschält • 50 g Kakaobutter in Rohkostqualität, geschmolzen (oder flüssiges Kokosöl) • 45 g ungesüßtes Kakaopulver in Rohkostqualität • 25 g weißes Mandelmus (oder Cashewmus) in Rohkostqualität • 1 Messerspitze Vanillemark oder -pulver • 1 Prise Salz

Für den Teig die Mandeln fein mahlen und in einer Schüssel mit den restlichen Zutaten gut verkneten.

Eine Springform leicht mit Pflanzenöl einfetten und mit dem Teig auskleiden. Den Boden mit etwas Kokosöl bestreichen und in den Kühlschrank stellen.

Für die Schokolavocat-Creme die Datteln mehrere Stunden in der pflanzlichen Milch einweichen und anschließend mit den restlichen Zutaten zu einer homogenen, glänzenden Creme verarbeiten.

Die Creme auf dem Boden verteilen und mit einem Teigschaber glatt verstreichen.

Die Torte etwa 1 Stunde ruhen lassen und dann vorsichtig aus der Springform lösen.

Tipps

Noch verführerischer wird diese Torte, wenn Sie sie mit einer Kuvertüre aus Rohschokolade und gehackten Haselnüssen überziehen oder Kakaopulver und feine Schokosplitter darüberstreuen.

Erdbeer-Vanille-Torte

Erdmandeln sind äußerst stärke- und ballaststoffhaltige getrocknete Knollen, sehr mild im Geschmack, die sich bestens als Zutat für Kuchen oder Fruchtcremes eignen. Mit einer Aprikosen- oder Himbeercreme statt der Erdbeercreme schmeckt diese Torte ebenfalls köstlich.

FÜR EINE TORTE MIT 18 ZENTIMETERN DURCHMESSER

TEIG • 100 g Haferflocken • 100 g Erdmandelmehl (oder gemahlene Mandeln) in Rohkostqualität • 40 ml Agavendicksaft in Rohkostqualität • 25 g weißes Mandelmus in Rohkostqualität • 15 g Kokosöl, geschmolzen • 65 ml Wasser • 1 Messerspitze Vanillemark oder -pulver • 1 Prise Salz

VANILLECREME • ½ TL Agar-Agar *plus* 100 ml Wasser • 2 Bananen (etwa 160 g Fruchtfleisch) • 15 g Kokosöl, geschmolzen • 30 ml Agavendicksaft in Rohkostqualität • ein paar Tropfen Zitronensaft (Menge nach Bedarf) • 50 g Erdmandelmehl (oder gemahlene Mandeln) in Rohkostqualität • 1 Messerspitze Vanillemark oder -pulver • 1 Prise Salz

ERDBEERCREME • ½ TL Agar-Agar *plus* 100 ml Wasser • 160 g frische Erdbeeren • 15 g Kokosöl, geschmolzen • 35 ml Agavendicksaft in Rohkostqualität • 50 g Erdmandelmehl (oder gemahlene Mandeln) in Rohkostqualität

BELAG • 150 g frische Beeren oder andere Früchte der Saison

Für den Teig die Haferflocken fein mahlen, mit den restlichen Zutaten verkneten und zu einer Kugel formen, flach drücken und gleichmäßig in einer Springform verteilen.

Für die Vanillecreme das Agar-Agar-Pulver in einem kleinen Topf mit dem Wasser verrühren, zum Kochen bringen, 1 Minute köcheln lassen und vom Herd nehmen. Das Agar-Agar mit den restlichen Zutaten in den Mixer geben und sämig pürieren.

Die Erdbeercreme wie die Vanillecreme zubereiten.

Für die Fertigstellung der Torte gibt es zwei Möglichkeiten: 1. Am schnellsten geht es, wenn Sie zuerst die Vanillecreme auf dem Boden verteilen und darauf die Erdbeercreme geben. 2. Stattdessen können Sie aber auch wie bei der Schoko-Minz-Torte (siehe Seite 80) abwechselnd jeweils 1 Esslöffel Vanillecreme und 1 Esslöffel Erdbeercreme auf den Boden setzen, bis beide Cremes aufgebraucht sind, und die beiden Cremes wie beschrieben marmorieren. 1 Stunde kalt stellen. Anschließend mit frischen Beeren bedecken und sehr vorsichtig aus der Form lösen.

Apfel-Gewürz-Kuchen

Wenn Sie Ihre pflanzliche Milch selbst machen, bleiben immer größere Mengen ausgepresste Nussmasse übrig. In diesem Rezept verrate ich Ihnen, wie Sie die Nussmasse für eine andere rohköstliche Leckerei verwenden können. Das Ergebnis ist unglaublich lecker!

FÜR EINEN KUCHEN MIT 18 ZENTIMETERN DURCHMESSER

TEIG • 150 g getrocknete Feigen *plus* 60 ml Wasser • 20 g Kokosöl, geschmolzen • 1 Prise Salz • 100 g ausgepresste Nussmasse (siehe Seite 40) • 80 g gemahlene Mandeln • 20 g Rohrohr- oder Kokosblütenzucker • 1 TL dunkles Mandelmus in Rohkostqualität

LEBKUCHENCREME • ½ TL Agar-Agar *plus* 120 ml Wasser • 1 großer Apfel ohne Schale (etwa 200 g Fruchtfleisch), entkernt und in kleine Stücke geschnitten • 100 g geschälte Mandeln oder Cashewkerne in Rohkostqualität • 40 ml Ahornsirup • ½ TL Zimtpulver • ½ TL Lebkuchengewürz • 1 Messerspitze Vanillemark oder -pulver • 1 Prise Salz

MANDEL-AHORN-SAUCE ZUM MARMORIEREN • 1–2 TL Ahornsirup • 1 TL dunkles Mandelmus in Rohkostqualität • 1 Prise Salz

Für den Teig die getrockneten Feigen mehrere Stunden einweichen. Anschließend mit dem Einweichwasser, dem Kokosöl und Salz im Mixer glatt pürieren. Die Masse in eine Schüssel geben, die restlichen Zutaten hinzufügen und mit den Händen zu einem geschmeidigen Teig verkneten.

Den Teig in einer Springform mit den Fingern gleichmäßig verteilen und einen Rand nach oben ziehen. Kühl stellen.

Für die Lebkuchencreme das Agar-Agar-Pulver in einem Topf mit dem Wasser verrühren, zum Kochen bringen, 1 Minute köcheln lassen und vom Herd nehmen. Anschließend alle Zutaten im Mixer zu einer glatten, glänzenden Creme pürieren. Die Creme auf dem Boden des Apfelkuchens verteilen.

Zum Marmorieren Ahornsirup, Mandelmus und Salz in einer kleinen Schüssel verrühren. Einige Tropfen davon möglichst zeitnah auf dem Kuchen verteilen und dann von der Mitte der Tropfen aus mit einem spitzen Messer behutsam kurze Linien ziehen. Den Kuchen mindestens 1 Stunde in den Kühlschrank stellen. Zum Servieren vorsichtig aus der Form lösen und genießen!

SCHOKO-MUFFINS

MIT FLÜSSIGEM KERN

Gute Muffins sollten einen flüssigen Kern haben. Bei konventionellen Muffins bewirkt ein exaktes Einhalten der kurzen Backzeit, dass das Schokoladengebäck innen schön flüssig bleibt. Für die Rohkostvariante wird der weiche Kern separat hergestellt. Das macht die Zubereitung von rohköstlichen Muffins so unkompliziert. Und Sie werden sehen: Das Ergebnis ist zum Dahinschmelzen köstlich!

FÜR 6 MUFFINS

MUFFIN-TEIG • 250 g Datteln ohne Stein *plus* 50 ml Wasser • 50 g Haselnüsse (oder Haselnussmehl) • 25 g Kokosöl, geschmolzen • 1 Prise Salz • 75 g Weizenkeime • 15 g ungesüßtes Kakaopulver in Rohkostqualität • 1 Prise Salz
FLÜSSIGER KERN • 40 g Haselnussmus in Rohkostqualität • 20 g ungesüßtes Kakaopulver in Rohkostqualität • 60 ml Agavendicksaft in Rohkostqualität • 60 ml pflanzliche Milch (Seite 40) • 1 Messerspitze Vanillemark oder -pulver • 1 Prise Salz

Die Datteln mehrere Stunden einweichen.
Für den Muffin-Teig die Haselnüsse fein mahlen. Dann die Datteln mit dem Einweichwasser, Kokosöl und Salz im Mixer zu einer homogenen, sämigen Masse verarbeiten. Die Creme mit den übrigen Zutaten zu einem Teig verkneten und zu einer Kugel formen. Diese im Verhältnis von einem Drittel zu zwei Dritteln aufteilen. Dann aus den beiden unterschiedlich großen Portionen jeweils sechs kleine Teigkugeln formen. Mit den größeren Teigkugeln sechs nach Angaben des Herstellers mit Pflanzenöl eingefettete Muffinformen bis zum Rand auskleiden.
Für den flüssigen Kern alle Zutaten in eine Schüssel geben und zu einer glatten Creme pürieren.
Von der Creme jeweils 3 bis 4 Teelöffel in die Muffinformen geben.
Die sechs kleinen Teigkugeln mit den Fingern zu einem Kreis in der Größe der Muffinformen flach drücken und auf den flüssigen Kern setzen. Die Teigränder vorsichtig zusammendrücken, um die Muffins gut zu verschließen.

Orangencreme-Törtchen im Glas

Kuchen in Dessertgläsern zu servieren ist trendy! Diese Orangencreme-Törtchen im Glas sind ideal für Allergiker, da sie keine Schalenfrüchte enthalten. Für die Gourmetvariante Schale und Saft der Orange durch die etwa gleiche Menge Kumquats plus Agavendicksaft ersetzen.

FÜR 4 TÖRTCHEN IM GLAS

TEIG • 90 g Datteln ohne Stein *plus* 45 ml Wasser • 50 g Haferflocken • 20 g Kakaonibs • 10 g ungesüßtes Kakao- oder Carobpulver in Rohkostqualität • 1 Prise Salz
ORANGENCREME • 80 g Datteln ohne Stein *plus* 100 ml Wasser • 20 g Kakaobutter in Rohkostqualität, geschmolzen • Saft von 1 Orange • abgeriebene Schale von ½ Orange • 50 g Sonnenblumenkerne • 1 Messerspitze Kurkumapulver • 1 Messerspitze Vanillemark oder -pulver • 1 Prise Salz
GANACHE • 10 g Kakaobutter in Rohkostqualität • 10 ml Ahornsirup • 5 TL ungesüßtes Kakaopulver in Rohkostqualität • 1 TL Kokosmilch • 1 Messerspitze Vanillemark oder -pulver • 1–2 Prisen Salz

Die Datteln für den Teig und für die Creme mehrere Stunden in separaten Schüsseln einweichen.
Für den Teig die Datteln mit dem Einweichwasser so cremig und glatt wie möglich pürieren. Mit den restlichen Zutaten zu einem möglichst homogenen Teig verarbeiten. Diesen in Viertel aufteilen und den Boden der Dessertgläser damit bedecken.
Für die Orangencreme alle Zutaten zu einer glatten, glänzenden Creme mixen und diese auf dem Teig in den vier Gläsern verteilen.
Für die Ganache die Kakaobutter ganz sanft im Wasserbad schmelzen. Anschließend nach und nach unter ständigem Rühren die restlichen Zutaten dazugeben und möglichst glatt rühren.
Die Ganache über die vier Orangencreme-Törtchen im Glas geben. Zum Marmorieren ein spitzes Messer spiralförmig durch die Ganache ziehen. Die Törtchen vor dem Servieren 1 Stunde in den Kühlschrank stellen.

Carob-Erdnuss-Cremetorte

Nach dieser Torte bin ich absolut süchtig! Ist es nicht ein Glück, dass man von ihr sogar naschen darf, wenn man gerade Diät hält?

FÜR EINE TORTE MIT 18 ZENTIMETERN DURCHMESSER

TEIG • 70 g Kleinblatt-Haferflocken • 20 g Carobpulver • 70 g Erdmandelmehl (oder gemahlene Mandeln) in Rohkostqualität • 50 ml Agavendicksaft in Rohkostqualität • 20 g Erdnussmus in Rohkostqualität • 30 g grob gehackte Erdnüsse • 30 ml Wasser • 1 Messerspitze Vanillemark oder -pulver • 1 Prise Salz
ERDNUSSCREME • ½ TL Agar-Agar *plus* 170 ml Wasser • 140 g Cashewkerne in Rohkostqualität • 30 g Erdnussmus in Rohkostqualität • 30 ml Agavendicksaft in Rohkostqualität • 1 Messerspitze Vanillemark oder -pulver • 1 Prise Salz
CAROBCREME • ½ TL Agar-Agar *plus* 230 ml Wasser • 200 g Cashewkerne in Rohkostqualität • 30 g Carobpulver • 40 ml Agavendicksaft in Rohkostqualität • 1 Prise Salz
ZUM DEKORIEREN • etwas Carobpulver (Menge nach Wunsch) • 1 Handvoll Erdnüsse • 1 Handvoll Kakaonibs

Für den Teig alle Zutaten gründlich verkneten und dann in einer Springform verteilen.
Für die Erdnusscreme das Agar-Agar-Pulver in einem kleinen Topf mit dem Wasser verrühren, zum Kochen bringen, 1 Minute köcheln lassen, vom Herd nehmen. Das flüssige Agar-Agar mit den restlichen Zutaten im Mixer cremig pürieren. Gut die Hälfte der Creme gleichmäßig auf dem Boden der Torte verteilen und diese in den Kühlschrank stellen. Die restliche Erdnusscreme beiseitestellen.
Für die Carobcreme das Agar-Agar-Pulver in einem kleinen Topf mit dem Wasser verrühren, zum Kochen bringen, 1 Minute köcheln lassen und vom Herd nehmen. Das flüssige Agar-Agar mit den restlichen Zutaten im Mixer cremig pürieren. Anschließend die Carobcreme mit einem Teigschaber gleichmäßig auf der Torte verteilen. Dann ganz vorsichtig den Rest der Erdnusscreme löffelweise auf die Torte geben und gleichmäßig verteilen. Achten Sie darauf, dass die beiden Cremes sich nicht vermischen.
Die Torte mindestens 1 Stunde in den Kühlschrank stellen. Vorsichtig aus der Form lösen und mit etwas Carobpulver, ein paar Erdnüssen und Kakaonibs verzieren.

Schoko-Mandarinen-Torte

Zarte dunkle Schokolade und fruchtig-süße Mandarinen verwöhnen hier Ihren Gaumen. Mit Bananen, Orangen, Birnen, Kakis, frischen Erdbeeren, Himbeeren oder auch Schwarzen Johannisbeeren schmeckt diese Torte allerdings genauso erfrischend und köstlich. Eine erfrischende Versuchung für Schokoholics!

FÜR EINE TORTE MIT 18 ZENTIMETERN DURCHMESSER

TEIG • 200 g Bio-Zartbitterschokolade in Rohkostqualität • 25 g Kokosöl, geschmolzen • 200 g Buchweizenflocken (oder andere Getreideflocken) • 50 g Haselnussmus in Rohkostqualität • 35 ml Agavendicksaft in Rohkostqualität • 15 g ungesüßtes Kakaopulver in Rohkostqualität • 250 ml pflanzliche Milch (Seite 40) • 150 g Trockenfrüchte der Wahl, in kleine Stücke geschnitten • 150 g Nüsse oder Kerne der Wahl, gehackt • 1 Messerspitze Vanillemark oder -pulver • 1 Prise Salz
FRUCHTBELAG • 6–8 Mandarinen, geschält und in Scheiben geschnitten
KUVERTÜRE • ⅙ des Teigs • 20 ml Agavendicksaft in Rohkostqualität • 30 ml Wasser • 40 ml pflanzliche Milch (Seite 40) • 1 gehäufter TL ungesüßtes Kakaopulver in Rohkostqualität • 1 Tropfen naturreines Mandarinen- oder Orangenöl

Für den Teig Schokolade und Kokosöl in separaten Schüsseln im Wasserbad sanft zum Schmelzen bringen. Die Buchweizenflocken fein mahlen.
Buchweizenmehl, Schokolade, Kokosöl, Haselnussmus, Agavendicksaft und Kakaopulver in einer Schüssel vermengen. Nach und nach unter ständigem Rühren zunächst die pflanzliche Milch und dann die restlichen Zutaten dazugeben.
Ein Sechstel des Teigs wegnehmen und für die Kuvertüre beiseitestellen.
Den verbliebenen Teig teilen und mit einer Hälfte die Springform auskleiden.
Für den Fruchtbelag die Hälfte der Mandarinenscheiben auf dem Boden verteilen. Die zweite Hälfte des Teigs über die Mandarinen geben und darauf die restlichen Mandarinenscheiben verteilen.
Für die Kuvertüre den zur Seite gestellten Teig mit den restlichen Zutaten zu einer feinen, glänzenden Creme pürieren. Die Kuvertüre auf der Torte verstreichen.
Die Torte vor dem Servieren mindestens 1 Stunde kühl stellen.

Verzeichnis der Rezepte

Literaturempfehlungen

Kirk, Mimi: Raw around the World. 120 Lieblingsrezepte aus der italienischen, französischen, griechischen, deutschen, thailändischen und indischen Küche – vegan und rohköstlich zubereitet. Hans-Nietsch-Verlag, Emmendingen 2013

Kirk, Mimi: Rohköstlich leben. Eine praktische Einführung in die Rohkost-Küche mit 120 leckeren Rezepten für Gesundheit und zeitlose Schönheit. Hans-Nietsch-Verlag, Emmendingen 2012

Lechner, Julia; Teichmann, Anton: Vegane Rohkost macht glücklich. 74 Rezepte von kinderleicht bis gourmetköstlich. Verlag Eugen Ulmer, Stuttgart 2014

Megan, May: The Unbakery. 130 Highlights aus dem rohköstlich-veganen Trend-Café. Hans-Nietsch-Verlag, Emmendingen 2015

Petri, Britta Diana; Weiss, Torsten: Roh-Schokolade – Superfood und Aphrodisiakum. Schirner Verlag, Darmstadt 2013

Sura, Teresa-Maria: So schmeckt Rohkost! – Eiscreme und Sorbet. Schirner Verlag, Darmstadt 2013

Sura, Teresa-Maria: So schmeckt Rohkost! – Torten, Kuchen und Kekse. Schirner Verlag, Darmstadt 2011

Stadelmann, Anja: Desserts roh & vegan. Fona Verlag, Lenzburg (Schweiz) 2014

Viger, Lisa: Raw for Life. Vegane Rohkost günstig einkaufen, lecker und einfach zubereiten und genießen – für ein glückliches Leben. Hans-Nietsch-Verlag, Emmendingen 2015

Wignall, Judita: Going Raw. Wie Sie Ihre Ernährung erfolgreich auf Rohkost umstellen und damit Ihr Leben bereichern. Hans-Nietsch-Verlag, Emmendingen 2012

Wignall, Judita: Raw & Simple. Pfiffige Rohkostgerichte – einfach & schnell zubereitet und dabei unglaublich lecker. Hans-Nietsch-Verlag, Emmendingen 2013

Bezugsquellen

Internetversender von Bio- und Rohkostprodukten

Amrita, *www.amrita.de*, (natürliche Süßungsmittel, Kakaoprodukte in Bio-Qualität)

Bioinsel, *www.bioinsel-shop.de*, (Nüsse, Samen, Trockenfrüchte und Nussmuse in Bio- sowie Rohkostqualität)

Govinda Natur, *www.govinda-natur.de*, (Kokos- sowie Kakaoprodukte in Rohkostqualität und glutenfreie Mehle)

Dr. Goerg, *www.drgoerg.com*, (Kokosprodukte in Premiumqualität)

Keimling, *www.keimling.de*, (u. a. Trockenfrüchte, Nüsse und Nussmuse in Rohkostqualität, zudem Mesquitepulver sowie Hochleistungsmixer)

Pure Raw, *www.pureraw.de*, (Nüsse und Trockenfrüchte in Rohkostqualität, Hochleistungsmixer)

Rapunzel, *www.rapunzel.de*, (reichhaltiges Sortiment an Bio- und Demeter-Produkten, darunter auch Schokotropfen zartbitter)

Raw Living, *www.raw-living.de*, (Kokosprodukte und Nussmuse in Rohkostqualität sowie natürliche Süßungsmittel, Trockenfrüchte, Nüsse, rohe Haferflocken)

Tali, *www.tali.de*, (u. a. unbehandelte Mozafati-Datteln)

Terra Elements, *www.terraelements.de*, (natürliche Süßungsmittel, Kakao- und Kokosprodukte in Bio-Qualität sowie rohe Schokolade, Nüsse, Samen und Mesquitepulver)

Topfruits, *www.topfruits.de*, (Trockenfrüchte, Nusskerne, Mehle sowie natürliche Süßungsmittel)

Eine Liste von Rohkost-Versendern finden Sie zudem unter:

http://austriagoesraw.at/Kategorien/Rohkost-Versender, (Versender in Österreich)
http://germanygoesraw.de/Shops/Rohkost-Versand, (Versender in Deutschland)
www.rohkostwiki.de/wiki/Rohkost-Versender, (Versender in Deutschland)
http://rohvolution.ch/Ressourcen/Online-Shop, (Versender in der Schweiz)

Bezugsquellen für Hochleistungsmixer

Kaufen Sie Ihren Turbo-Mixer oder Personal Blender am besten bei einem Fachhändler, beispielsweise in einem gut sortierten Fachgeschäft für Küchenbedarf oder bei folgenden spezialisierten Online-Shops:
www.gruenesmoothies.de, *www.amrita.de*, *www.keimling.de*, *www.perfektegesundheit.de*, *www.purenature.de*, *www.vitamix.de*

Rohkost-Informationen

Wollen Sie Ihre Ernährung auf Rohkost umstellen oder sind Sie einfach neugierig geworden? Brauchen Sie Unterstützung auf Ihrem Weg zu einem rohköstlichen Leben? – Auf den folgenden Websites finden Sie Wissenswertes, aktuelle Informationen, zahlreiche Tipps, Blogs, spezielle Events (auch in Ihrer Region) und vieles mehr und haben die Möglichkeit, sich mit anderen Rohköstlern und Veganern auszutauschen:
www.allesroh.at, *http://austriagoesraw.at*, *http://germanygoesraw.de*, *www.gruenesmoothies.de*, *www.rohkoestlich.com*, *www.rohkost.ch*, *www.rohkost.de*, *www.rohkostclub.de*, *www.rohkostwiki.de*, *http://rohvolution.ch*, *www.vegan.de*, *www.vegane-gesellschaft.de*, *http://worldgoesraw.com*

Titel der Originalausgabe: *La pâtisserie cru*, erschienen bei *Editions La Plage*, Paris

Translation Rights arranged with *Editions La Plage*, Paris

Lektorat: Ute Orth
Korrektorat: Petra Westermann
Fotos: Ophélie Véron
Einbandgestaltung: Kurt Liebig
Illustration: 123RF
Satz: Rosi Weiss
Druck: Dimograf Sp z o.o., Bielsko-Biała/Polen

Hans-Nietsch-Verlag · Am Himmelreich 7 · 79312 Emmendingen
www.nietsch.de · info@nietsch.de

ISBN 978-3-86264-372-1